生命由來 × 男女差異 ×

拒絕「偽善」的性見解，請從

靄

潘光旦──譯

性的教育 性的道德

SEXUAL EDUCATION

SEXUAL MORALITY

- 人類從幾歲開始有「性」的意識和行為？
- 性愛方面的無知與妄想，釀就往後悲慘的婚姻生活？
- 主張「不懂性就不會受傷害」，反而造成了永久創傷？
- 都說鄉下孩子天真，但其實比都市孩子更早有性經驗？

十九世紀英國性學專家靄理士透過深刻觀察與犀利文筆，

批判社會荒謬的「恐性」現象，大膽揭露婦女與兒童之性心理！

目錄 Contents

性的教育　Sexual Education

附錄：中國文獻中同性戀舉例

Homosexual Examples in Chinese Literature

目錄 Contents

性的教育
Sexual Education

譯序

性是當代許多重大問題的其中之一，而靄理士（Henry Havelock Ellis）是對這個問題研究得最淵博、最細微，也是最完整、最有見識的人。他的《性心理學研究錄》，到 1910 年為止，一共出了六部，他幾乎把性心理的各方面都包舉在內。但靄理士猶以未足，之後又陸續發表新的研究，到 1928 年，這些研究歸納整理為第七部。這七部書的內容，都是以性作為主題。其他比較間接的作品，有科學的研究，如《男與女》（*Man and Woman*）；有藝術的欣賞，如《生命之舞》（*The Dance of Life*）；也有問題的討論，如《社會衛生工作》（*The Task of Social Hygiene*），旨趣雖殊，其中一致的思想就是，性與人生。

《性心理學研究錄》第六部的書名是《性與社會的關係》，其中包括〈母與子〉、〈性的教育〉、〈性教育與裸體〉、〈性愛的估值〉、〈貞操的功用〉、〈禁慾問題〉、〈娼妓〉、〈性病的征服〉、〈性道德〉、〈婚姻〉、〈愛的藝術〉、〈生殖的科學〉等十二個主題。本書便是 —— 性的教育 —— 的譯文。在各主題中，它最為基本，與青年生活的關係也最為密切，所以我拿它做初次的嘗試，倘若成功，就會進而選譯其他的主題。

任何一本討論問題的書總有它的時間和空間的限制，本書當然不例外。就時間而論，從最初在美國出版以至今日，它已經有二十四年的歷史，而二十四年前的資料，當然有部分已經不適用。就空間而論，一本在英國寫、在美國印的書，移到中國來讀，就算假定民族文化之間沒有多大的歧異，也不能期望它完全適用，何況民族文化之間的確有許多不同之處，且目前的主題「性」又變化萬千。

空間上的限制，亦即文化背景的限制，是最明顯的。原始民族對於性的看法，是很健全的。文化興盛後，這種健全便有減少的傾向，但也有例外，例如希臘的文化與羅馬初期的文化。文化的興盛，削弱了人類的自我中心與自身的福利，健全的看法才會轉為病態的看法，例如基督教興盛以後的西洋文化。在東方文化上，人們對於性生活的態度還算健全，真正阻礙性知識的取得與性發育的自然勢力，倒也很少。男子在這方面，七拼八湊，還是可以做些準備；而女子，至少在出嫁前夕，可以從母親那裡得知一些婚姻生活的實際面與意義。在這種任其自然與不干涉的情形下，我們的性生活雖未必圓滿，但性的變態心理與變態行為也似乎並不多見。

在西洋，情形可就不同了。因為他們所見的性是齷齪的，所見的性行為是有罪的，於是便有「緘默的政策」，有「造作的神祕主義」，有「偽善的貞潔觀念」。於是對於嬰兒的由來，他們讓兒童自己去摸索；對於婚姻生活，他們更守口如瓶，讓女兒自己去碰運氣。於是在上流社會裡，連一個腿字都不能說；在男女雜沓的場合裡，身體可以半裸，可以有各種誘惑挑逗，但褲子若破了一個洞，全場氣氛便突然尷尬起來。

然而這本小書的價值又在哪裡呢？我在上文說過，東方人對於性的看法只是大體上比較健全，若從細節來看，不健全的地方也不少。這些不健全之處就須糾正，此其一。自西化東漸，西洋文化中的糟粕，包括舊的性觀念在內，也成為輸入品的一部分，而竭誠接受它的也大有人在，一部分的基督徒就在其內。對於這些人，這本小書也自有它的貢獻，此其二。這還都是消極的話，若就積極的價值而言，它終究是一篇專論性教育的文字，於清除糞穢之外，大部分是建設性的內容，而這種建設性的內容卻是我們向來沒有的，此其三。

這種建設性的內容裡，有好幾點值得在這裡特別提出。第一，性教育原應包括性與人生關係的全部。所謂全部，至少可以分做三部分，一是性與個人，二是性與社會，三是性與種族。坊間流行的性教育書籍，大多數只討論性與個人衛生的關係，最多也不過因為性病的可怕，勉強把社會生活也略略提到罷了。靄理士卻不以為然。他顧慮到各個層面，我在此不舉例，這絕不是單獨的例子所能充分傳達的，應該讓讀者自己體會。第二，在靄理士心目中，性教育的施教方法也和生活打成一片。教育家說，生活就是教育，社會就是學校，而靄理士對於性教育也有同樣的見解。從家庭中的母親到學校裡的老師，除此之外，醫師有醫師的責任，牧師有牧師的貢獻；自然歷史的訓練之外，文學有助於啟發，藝術可以供觀摩；社會與文化能教導人了解、尊重與欣賞。由此來看，性的教育才算達到它的目標，否則還是片段的、偏激的、畸形而不健全的。靄理士不深入研究性教育的施教方法，而是十分信任兒童在發育時代那種天然純潔的心理與自動的能力，主張母親須有正確的觀念、光明的態度、坦白的語氣，來激發兒童的信任，而無須多大專門的知識——原因也在於此。第三，靄理士主張在青春期開始以後，舉行一種所謂誘導的儀式，使青年可以控制與調節他含苞待放的心理、生理生活，而無須乎外界的制裁。他說，「我們需要明白，『青春期』中所指的春機，不僅指一種新的生理上的力，也指著一種新的精神上的力。……在青春期內，理想的世界自然會在青年男女的面前如春雲般開展。審美的能力、羞惡的本性、自制力的天然流露、愛人與不自私的觀念、責任的意義、對於詩和藝術的愛好 —— 這些都會在一個發育健全、天真未失的青年男女的心靈上，自然呈現……」又說，誘導目的是在「幫助他們，使他們自己可以運用新興的精神力量，來制裁新興的生理以及性的力量」。這種見解與建議真是前所未有。性教育到此便和倫理教育、宗教教育、藝術教育結合，而完整的人格便奠基於此。這種誘導的方式原是健全的原始民族所共有的一種經驗，靄理士相信我們不談性的教育便罷，否則這種民族的經驗會有復活的一天。第四，靄理士一面極言性教育的重要，一面卻也深知性教育的限制。凡是談教育的人，大多數認為教育是一種萬能的力量，靄理士卻是例外。他開宗明義就討論到遺傳與環境的關係。遺傳健全的人，可能因為惡劣的教育，以致不能充分發展；但對於遺傳惡劣的人，就是在性的生理與心理方面，天然就有缺陷的人，良好的教育亦無能為力。一個人的智慧，應從了解一己的弱點開始；教育的功能，也應從從事教育的人明白它的限制開始。

最後，我要把這一本小書作為紀念先父鑄禹公（鴻鼎）之用。先父去世二十一年了，因為他去世得早，生前又盡瘁於鄉國的事務，對於兒輩的教育無法多操心，但對於性教育，他能明白它的重要。記得有一次，因為有一位世交的朋友有手淫的習慣，他在給我的大哥的信裡，很詳細地討論到這個問題。他曾經從日本帶回一本科學的性衛生的書，我在十三歲的時候初次在他的書櫃裡發現，他就容許我拿來閱讀。明知書中敘述的內容，不是我當時的知識所能完全理解，但他相信也不會發生什麼不健全的影響。有時候我們看有性成分的小說，他也不禁止。他當時那種態度，如今回想起來，竟和靄理士在內文所提及的有幾分相像。顯而易見，他對青年相當信任，他雖然不是一個教育專家，卻深知在性的發育上，青年們需要的是一些不著痕跡的指引，而絕不是應付盜賊一般的防範與喝斥禁止。

環境與遺傳

作者討論的主題是性的心理學，現在又忽然討論起兒童來，並且把兒童的祖先、父母、受孕、胎養，甚至嬰兒時期，都看得很重要，這樣會不會離題太遠了？事實上卻不是這樣。我們這樣討論，不但沒有離開主題，還講到性問題的根本。近來日積月累的科學知識都告訴我們，孩子的心理或精神方面的本性，和生理與結構方面的本性一樣，也是來自遺傳和教養。換一種說法，就是一端看他所隸屬的血統，一端也看他早年的收穫是否適當，能不能維持他原有的良好血統。

血統和教養對於一個人的命運所發生的影響是難分軒輊的。教養的影響明顯較多，所以不太容易被人忽視，但是血統的影響卻沒有那麼明顯，所以時至今日，還有一些知識淺薄或成見滿胸的人完全否認它的存在。但是這方面的新知識逐漸增加以後，使大多數人知道遺傳的力量，而這種錯誤的見解自然煙消雲散般地化為烏有。要知道，同個社群裡的人大體上一定同時兼具良好的血統和良好的教養，健全的文化才能夠在他們中間發展。遺傳對於生命的影響，到處可以看得出來，但是在性的範圍內，特別深刻，特別清楚。我有一位俄國朋友，他的出身很好，為人也非常斯文，他曾經詳細地分享他幼年的生活，從他的話裡，就透露出一些訊息，可以證明我上面所說的話。他說，他從小和他的兄弟姐妹一起長大，中間有一個姐妹卻是從別處來的。她是娼妓的私生女，生產後不久，母親就死了，後來由他家領養。在照顧上，她和其他的小孩沒有分別，所以大家並不知道她是從外面領養來的。可是從小她的脾氣就和其他小孩不同，喜歡撒謊，喜歡搗亂和虐待別人，並且很早就表現出下流的性衝動。雖然她和其他小孩一樣受教育，最終還是步上她母親的後塵，在她二十二歲的時候，因為搶劫和殺人未遂的罪名，被充軍到西伯利亞。娼妓所產生的子女不一定都是壞的，不過這個例子的遺傳大概是壞透了，遺傳既壞，雖然有好的教育，結果還是凶多吉少。

性衝動的早熟表現

我們的討論進入嬰兒時期。事實上我們早已走過了性生活最先的基礎和原有的可能性，我們已經能觀察到性生活真正的起點。一個不到十二個月的嬰孩往往已經有所謂「自戀」的表現[001]。這種表現是不是屬於常態，是

001　人類性的發育，自幼至壯，可分為「母子認同」、「母戀」、「自戀」、「同性

不是可以當作屬於常態看待，學者議論不一，我們在此並不預備討論[002]。初生的時候，些許月經的作用和乳腺的分泌作用，有時也會發生[003]。在這時期內，神經方面和精神方面的性活動，似乎已經像水的源頭一般，在汩汩地流動，過此以往，便逐漸擴大，流域越來越廣，到青春期，便像長江大河，一瀉千里。

有人說一個十分健全的人，在嬰兒與孩提時期，在神經和精神方面不會表現什麼性活動。這話也許有道理，也許是確實的。但是性活動依然是一種較常遇見的東西，既然常遇見，我們就不能非得等到青春期來到，才開始注意性衛生與性教育。

早熟體格的性發展，是一種比較不常見的變異，但並非完全沒有。威廉斯（W. Roger Williams）在這方面有過一些很重要的貢獻[004]。這種早熟的現象，以女子為

戀」與「異性戀」等段落，詳見拙著《馮小青》。——譯者

002 嬰兒「自戀」的各種表現，詳見作者所著的《自戀論》（*Autoeroticism*），載在《性心理學研究錄》，第一部。又德國學者摩爾（Moll）曾於 1909 年刊行一書，叫做《幼兒的性生活》（*Das Sexualleben des Kindes*）。

003 關於初生後與幼嬰時期中性腺及乳腺的活動，法人瑞努夫曾於 1905 年作一論文加以推敲，文名〈性的重要關頭與胎兒及初生嬰兒的性的表現〉（Camille Renouf, *La Crise Génitale et les Manifestations Connexes chez le Foetus et le Nouveau-né*）。然而瑞努夫對於此種表現未能有圓滿的解釋。

004 威廉斯曾作一論文〈一百餘個性發育特早的例子〉，並附有摘要總論（*Precocious Sexual Development with Abstracts of over 100 Cases*）見 1902 年《不列顛

多。威廉斯的研究中，包括二十個男童與八個女童，他在女童中不但發現早熟的人數較多，並且早熟的程度也較深，其中有在八歲時[005]即受胎的；至於男童，須至十三歲方能證實有生殖的能力。這大概不會錯，因為十三歲也是男子精液中最早發現有精子的年齡，在此以前有液而無精。而富爾布林格（Fuerbringer）與摩爾（Moll）發現，男童有到了十六歲，甚至於十六歲以後，依然沒有精子的。在男童中間，性的早熟往往和一般體格的發展有連帶關係，但是在女童中間，這種連帶關係比較少，性的部分儘管早熟，一般的體格也許和其他同年齡的女子無異[006]。

早熟的性衝動大多數是模糊的，也不常有，並且多少近乎天真。但也有例外，美國底特律（Detroit）的理奇（Herbert Rich）醫士曾經敘述過一例：一個早熟的男孩，從兩足歲起，對於女孩和婦人，就感到深切的性興趣，他的一切思想和行為都集中在她們身上，想和她們發生性關係[007]。至於早熟現象的證據、它普遍性的大小、意

婦科雜誌》（*British Gynaecological Journal*）。

005 本篇所用年齡概照西式算法。——譯者

006 德國有一名五歲女童，其性發育特早之情形，曾經有某學者詳細加以敘述，並附有圖說，見 1896 年《民族學期刊》（*Zeitschrift für Ethnologie*）。

007 見 1905 年《醫學家與神經學家雜誌》（*Alienist and Neurologist*）。

義等等，美國心理學者推孟（L. M. Terman）曾經把它們從舊的紀錄裡選輯起來，成為一篇專門的文章[008]。

男嬰的陰莖時常發生的勃起作用大概沒有性的意義，因為它不過是一種反射作用。但摩爾說過，一旦引起嬰兒的注意，它也許會取得性的意義。有幾位專家，尤其是佛洛伊德（Freud）認為嬰兒的各種活動的表現中，有一部分是有性的來源的，例如，大拇指的吸吮，佛洛伊德也相信性的衝動往往可以表現得很早。普遍以為孩提期沒有性的本能，這一點佛洛伊德認為是很嚴重而同時也是極容易藉觀察來改正的一個錯誤，然而容易改正卻依然不免成為普遍性的誤解，他也覺得很詫異。他有一次說：「實際上性的本性是與生俱來的，自哺乳時期到孩提時期，誰都可以有一些性的感覺。至於性的活動與情緒，雖發現較晚，但在孩提時期結束以前，即青春期以前，也是誰都可以經驗到的。」[009]佛洛伊德這一番話，摩爾認為形容過甚，我們不應該接受，但同時他也

008　即〈早熟之研究〉，見 1905 年《美國心理學雜誌》（*American Journal of Psychology*）。

009　引自〈兒童的性的啟蒙〉（*Zur Sexuellen Aufklärung der Kinder*）載在 1907 年出版的《社會醫學與衛生》（*Soziale Medizin und Hygiene*）。讀者如欲更詳細的討論，則宜參閱佛洛伊德於 1905 年所出版之《性學三論》（*Drei Abhandlungen zur Sexualtheorie*）。

承認孩提時期的情緒，究竟哪一部分是性的，哪一部分是非性的，的確不容易分析，甚至無法分析[010]。摩爾自己也認為八足歲以後的性心理表現是一種常態，而不是病態，又認為體氣虛弱或遺傳惡劣的兒童往往有早熟的傾向，但同時他也發現有些例子，雖在八九歲的時候已呈現早熟之象，而此種早熟並沒有妨礙他們健全的發育以致成人。

孩提時期一些雛形的性活動，和連帶的一些性情緒，只要不太引人注意，或太過成熟、像成人一般，可以看作常態而不是變態；同時我們也需承認，假若他們和惡劣的遺傳同時存在，不免要鬧出事來。但健全的兒童，過了七八歲以後，這種活動與情緒便不會產生什麼惡果，並且和其他的遊戲或遊戲性的活動沒有絲毫分別。根據德國學者谷魯斯（Groos）異常豐富的資料來看，可知遊戲，實在是一種良好的教育過程，對於一切高等動物如此，對於人也是如此。教育的功用在於準備，兒童時期在遊戲中的所作所為，便是成人時期所作所為的雛形。谷魯斯在他的那本名著《人類的遊戲》（*Spiele der Menschen*）裡，便把這一層見解應用到兒童

010　見摩爾所作《兒童之性生活》（*Das Sexualleben des Kindes*）。

的性遊戲上去，並且從文學作品裡引用證據，來加以證實，例如凱勒在他的《村中的羅密歐與朱麗葉》（Keller, *Romeo and Juliet auf dem Dorfe*）裡，便十足地描寫著童年的各種戀愛關係；又如蘇爾茲麥柯斯基（Schultze-Malkowsky）敘述一名七歲女孩的生活，也把這時期內女童的性表現，充分地烘托出來[011]。

童年的性遊戲與性情緒

布洛克（Iwan Bloch）所談過的那種兒童時期內的性交[012]在許多地方可以遇到，但在他們的長輩看來，只當作一種遊戲，並不認真。例如在非洲德蘭士瓦（Transvaal）的巴溫達人（Bawenda）中間[013]，以及西太平洋德皇威廉島（Kaiser Wilhelms-Land）上的巴布亞人（Papuans）中間[014]，都有這種情況，雖不昭告天下，至少得到了父母的允許。法人高達（Godard）也曾經在埃及的首都開羅目擊到兒童間的性遊戲[015]。哈蒙德（W. A. Ham-

011　見《性與社會》（*Geschlecht und Gesellschaft*）。
012　見布洛克《研究錄》（*Beiträge, etc.*）
013　同本書「性衝動的早熟表現」一節注 6 所引書。
014　同本書「性衝動的早熟表現」一節注 6，1889 年出版之期刊。
015　《埃及與巴勒斯坦》（*Egypte et Palestine*），1867 年出版。

mond）在美國新墨西哥也觀察到兒童做同樣的遊戲，並且還看見成年男子在旁鼓勵。他在紐約也遇見三四歲的男孩女孩，當父母的面，從事性交的遊戲，父母最多不過帶著笑喝斥一兩句罷了[016]。這種所謂「假扮父母」的遊戲在兒童間非常普遍，完全出於天真，絲毫沒有淫惡的意味，並且也不限於下流的階級。摩爾也曾經提到這種遊戲普遍的程度[017]。同時德國有個牧師組織的委員會，在調查德國鄉村的道德狀況時，也發現有些學齡前的兒童在嘗試性交[018]。兒童的性遊戲也不限於「假扮父母」，如大聲親嘴、下體的裸裎、驗看等等都有，例如「假扮醫生與病人，因為只有醫生才有驗看的權力」。有一位英國婦女曾經對我說：「我們女生在學校裡時（大約十一二歲），我們當然不免拿彼此的身體當遊戲的工具。我們常常跑到校外的田地裡，假裝醫生，彼此檢驗，我們也時常撩起衣服，用手來覺察彼此的下體。」

這種遊戲並不一定是出於性的衝動，更談不到什麼戀愛的成分。但是戀愛的情緒，往往也發展得很早，並

016　見哈蒙德自著書《性的痿廢》（*Sexual Impotence*）

017　《性慾論》（*Libido Sexualis*）。

018　《德國的性與道德的關係》（*Geschlechtliche-sittliche Verhaeltnisse im Deutschen Reiche*）。

且和成年人的性愛沒有多大分別。就廣義言之，他們實在也是一種遊戲，因為廣義的遊戲包含一切對成年生活含有準備性的行為，但同時也和一般的遊戲（如球類遊戲）不同，因為從事的人並不把它們當作遊戲看。朗圖爾（Ramdohr）在一百多年以前，就提到男孩對於成年婦女的戀愛事件，並且認為是常有的事[019]。這種戀愛的對象大多數是異性，但也有同性，年紀上雖相差不遠，卻多少比主動戀愛的一方大得一些，而這類的事件比朗圖爾所說的更要來得普遍。關於這個主題的科學研究，大約以美國人貝爾（Sanford Bell）的研究最為面面俱到了[020]。貝爾根據2,300件個案資料，發現三歲到八歲之間的性情緒表現大概是：擠在一起、親吻、彼此擁抱、舉起、耳鬢廝磨、互訴衷曲、在別人面前時刻提起彼此、只愛彼此作伴、不愛別人在場、別離時分外傷心、彼此饋送禮物、彼此特別體貼、犧牲、表示妒意——之類。大體而言，女童要比男童更為急進，也不怕人家窺破或揭穿祕密。過了八歲以後，女孩越來越害羞，而男孩急

019　見1798年出版之《司天的女愛神》（*Venus Urania*）。

020　同本書「性衝動的早熟表現」一節注8所引雜誌，1902年七月號，論文題為〈兩性間愛的性緒的初步研究〉（*A Preliminary Study of the Emotion of Love between the Sexes*）。

進的程度卻不增加，並且越來越諱莫如深。在這時期內，性的感覺大致上並不集中在性器官上。假若男童的陰莖在此時便能勃起，或女童的陰部已有充血的現象，貝爾認為那是一些過於早熟的例外，而不是常例。但是一般性的血的充盈、神經的緊張以及精神上的興奮是應有的現象，並且能和成人所經驗到的相比，不過程度上稍差一些罷了。貝爾末尾很穩健地說：「大體而言，男女兒童的戀愛和成年男女的戀愛的異同，好比花與果的異同，它中間所包含的生理的愛的成分，好比蘋果花中所包含的蘋果的成分一樣，都很少罷了。」摩爾[021]也認為兒童時期性衝動的初期表現，大多數是親吻與其他皮膚上表面的接觸。摩爾特別把這種接觸叫作「廝磨的現象」（Phenomenon of Contrectation）。

城鄉兒童成熟先後的比較

人家常說鄉村兒童對性的天真，比城市兒童還易於維持，因為城市裡的性活動要比鄉村還明顯與熱鬧得多。這話不正確，不但不正確，還適得其反。鄉村的兒童，因為工作比較勞苦，生活比較單純，習慣比較自

021　同本書「性衝動的早熟表現」一節注 10 所引書。

然，而耳目所聞又不寬廣，在思想與行為上往往要來得純潔，一直到成年期終止，才有性的經驗。德人亞蒙（Ammon）說，從巴登（Baden）徵到的士兵，因為習於鄉村生活，所以很天真，他雖然沒有給什麼證據，但這觀察大概是可靠的。同時，在城市方面，耳濡目染既多且廣，或直接與性的現象有關，或間接可以引起性的慾望，也不免影響到兒童們的性發展，使它特別提早。但是，話雖這樣說，我們也得注意，在城市中慾望的發展雖早，而滿足這種慾望與好奇心的機會卻不多。城市是一個比較公開的場所，到處都是耳目，到處有人指摘，到處不能不顧慮體面——這些情形雖不足以遮掩一切性的刺激，但這種刺激對於成人來說，既可以滿足性慾，又可以隱藏。在鄉村中可不同了。城市中所有的藩籬，雖不能全部撤去，至少要低得許多。一方面，鄉村各種家畜的性行為是遮掩不來的；另一方面，鄉村不太講求體面，說話也比較坦白粗俗，而兒童在田畝與林木間的生活，事實上又無從管理，於是性經驗的機會就俯拾即是了。總之，城市生活對於兒童性的早熟所產生的影響，是在思想與觀感方面；而鄉村生活的影響，則在行為與實際經驗方面。

幾年以前，德國路德會的牧師們曾經組織一個委員會，來調查性的道德，發現在德國的鄉村裡，性的活動很不受限制[022]；同時摩爾也說淫書淫畫的流行，似乎以村鎮及鄉間為多，而大城市反較少[023]；摩爾卻始終認為鄉村的性生活並不比城市的大，所以他這種觀察，特別值得注意。俄國都市生活與鄉村生活的分途發展，比較沒有其他國家明顯，但就性生活的自由的程度而論，似乎也有同樣的情形。有一位俄國朋友寫信告訴我說：「我不知道左拉（Zola）在他那本《田地》（*La Terre*）一書裡所描寫的法國鄉村生活究竟正不正確。但無論如何，我是在俄國鄉村裡長大的人，知道俄國的鄉村生活和左拉所描寫的有幾分相像。在這種生活裡，到處含蓄地飄散著性愛的氣息。」舉目四顧，到處可以看見獸慾的蠢動，絲毫沒有隱諱。所以人家認為鄉村中的兒童比較純潔，我卻認為市鎮中的兒童比較容易維持他的天真。這其間自然也有例外，我不否認。但大體說來，性的作用，在市鎮中要比田畝間還要容易遮掩。性的羞惡之心（不論其為真實的抑或比較浮面的），在都市人口裡也比較發

022　同本書「童年的性遊戲與性情緒」一節注 7。
023　同本書「性衝動的早熟表現」一節注 10 所引書。

達。一樣談論性的事物，在城市裡大家要婉轉一些，就算未受教育的階級也比鄉下的農夫還知道節制，知道用一些體面的字眼。所以在城市裡，成年人可以在兒童面前毫無禁忌地閒談，而不致引起兒童的驚怪。我們可以說，城市的淫惡越是隱蔽，就越見得比鄉村的更深；這句話或許是對的，但較為隱蔽也是可以避免兒童們的耳濡目染，終究是一件好事。城市的兒童天天可以看見娼妓在街上徘徊，如果沒有人告訴他，在他的觀感中，她和尋常女子是沒有分別的。但是在鄉下，兒童隨時可以聽見東家的女孩被人「稱私鹽」，西家的女孩和人「麥園會」[024]，並且往往描摹得淋漓盡致，至於性交、懷孕、生育等等事實，自然聽得更爛熟了。城市裡的兒童，見聞極廣，不限於一事一物；但是鄉下所見的，日去月來，無非是田間的工作，對兒童而言是不感興趣的，其餘便是動物的交尾、孳乳、和左鄰右舍偷情這一類的故事了。我們有時說起都市的環境裡到處有強烈的刺激，那是針對成年人，要知道這種刺激對於兒童大概不會引起性的反應。在鄉間卻又不是如此了。如果平日裡，隨時可以窺見左鄰的女孩和右舍又高又大的青年男子在麥田

024　此二者俱為江南鄉間之土語，「稱私鹽」指被人玩看陰部，「麥園會」即在麥田中苟合。——譯者

裡擁抱，試問兒童可以一直不受性的影響嗎？總之，城市生活裡的性行為比較細密周章，鄉村生活裡比較粗率坦白，在兒童身上所喚起的反應自然很有分別。我知道普遍總認為，凡在對於性的現象諱莫如深的國家裡，那種藏汙納垢的情形往往很厲害，也許比坦白率直的國家還要厲害。但我相信這是一個錯誤的印象。例如英國是一個比較不坦白的國家，在英國社會裡我們可以看見不少遮遮掩掩的現象，走馬看花的外國人之間比較不老實的，到了英國，往往被這種遮遮掩掩的現象所引誘，從而做出各種放浪形骸的舉動。但是要知道，引誘人的雖然是這種遮遮掩掩的現象，但此種現象同時保全一部分英國青年的美德。無論如何，我們遇見的英國男子裡，放浪的雖多，而二十歲以外，仍貞潔如處子的也有，但是對於法、義、西班牙等國的青年，我這句話就不敢說了。俄國朋友的這番話中，當然有一部分是對的，但是讀者不要忘記，貞操雖然是好東西，但如果沒有理智作為依據，而完全建築在不識不知之上，是會陷入極危險的境地的。

兒童對於嬰兒從哪裡來的解釋

上面關於早熟的話題雖然很重要，但是性的衛生，尤其是性的啟蒙，並不只因為早熟的現象才必要。少數兒童的早熟，是既有事實，但我們還有一個更大的事實在，使我們不能不領悟到性教育的重要性。兒童智力的活動很早就發生，兒童們對於生命的各種現象，喜歡追根究柢問個不停，這就是智力活動的一大表示，而這種對生命現象的好奇不免歸結到性的現象。兒童們在這方面的問題裡，最粗淺也最普遍的是：小孩是從哪裡來的？這個問題非常自然，而兒童的哲學觀念裡，「從哪裡來」的問題是必然也是最基礎的。其實在成人的哲學觀念裡又何嘗不是如此，只是更具體罷了。大多數的兒童對於小孩的出生，大概是從與成人談話的暗示裡以及自己的觀察，拼湊堆砌而成，其資訊良莠不齊，仍足供解釋。

美國心理學界的前輩霍爾（Stanley Hall）在這方面曾經蒐集過不少的資料[025]，以下舉例幾個兒童的回答。「小孩是上帝在天上做成的，但是聖母瑪利亞或是聖誕老公公也會做。做好以後，讓他們從天上掉下來，或把他們

025 〈入學兒童心理的內容〉（*Contents of Children's Minds on Entering School*），載在 1891 年之《教授學雜誌》（*Pedagogical Seminary*）。

扔下來，然後媽媽或醫生把他們撿起來。或者上帝把他們留在人行道上，或透過木梯把他們送下來，然後再把梯子抽回天上，讓媽媽、醫生或護士去接領；小孩也有搭乘輕氣球下來的，也有用翅膀飛下來的，靠近地面的時候，他們把翅膀丟到一邊，並跳向耶穌的懷裡，由祂向各處分送，至於翅膀遺落在何處，他們便記不得了。」有的兒童說：「小孩是麵粉桶裡生出來的，麵粉是黏的，他們黏在裡面，掉不出來；也有小孩是從高麗菜裡生出來的，上帝把他們摘下來放在水裡，或路旁的水溝裡，再由醫生把他們撿出來送給喜歡小孩的病人（即臥床的產婦，兒童不知，以為臥病），要不然就由送牛奶的人一早把他們送上門來；小孩是從地下挖出來的，或是從小孩店裡買來的。」

在英美兩國，兒童追根究柢盤問時，父母或別人總喜歡對他說，是在花園裡一棵樹下或別的地方撿到的；或者說，是醫生送來的。後面的說法比較常見，也比較合理。在德國，最普通的講法是，小孩是鶴送來的。至於這種說法，從何而來，歷來也有過不少的解釋，大多數是根據各地方的民情風俗，加以推測，但都似乎有些牽強[026]。而有一解釋似乎最合理：鶴是一種吃田雞的水鳥，一隻田雞在鶴嘴裡的掙扎就很像一個四肢揮動的嬰兒。巴特爾斯（Max Bartels）說冰島所流行的這一類故事半真半假，不全是憑空揑造（鶴的故事只限於西歐南部的國家，丹麥以北便沒有了），在冰島北部流行的是：嬰孩是上帝創造之後，由母親生產，而母親臥床不起便是生產之故。在西北部，則認為上帝創造嬰兒之後，把他交給母親。此外，也有認為嬰兒先由上帝送下來，再由接生婆帶到房裡，母親之所以臥床不起，為的是可以接近他（這裡的習俗，嬰兒初生不放搖籃中，而放床上）。但也有說嬰兒是一隻小綿羊或一隻鳥送來的，這就和鶴的故事差不多了。也有說嬰兒是半夜裡自己從窗子裡進來的。最接近事實的一種說法是：嬰兒是從母親的乳房（乳峰）出來的，或從乳房的下面出來的，因此母親便臥病在床[027]。

026　例如德人黑爾曼（G. Herman）所作〈性的神話論〉（*Sexual-Mythen*），載在《性與社會》（*Geschlecht und Gesellschaft*），1906 年出版。又如保羅．奈克（P. Näcke）所論，見《神經研究簡錄》（*Neurologische Centralblatt*），1907 年出版。

027　〈冰島島民的習慣與信仰〉（*Islaendischer Brauch und Volksglaube*）等文，載於 1900 年《民族學期刊》。

兒童們有時雖知嬰兒由母體內出來，這種知識往往十分模糊，並不準確。例如，在過去，他們常把肚臍當作嬰兒出來的生門。這樣的見解很自然，一則因為肚臍很像一個可以通到裡面的門口，再則因為肚臍在平日是毫無用處的。同時他們不容易聯想到陰部，因為在女童的心目中，陰部不過是便溺的出口而已，既有便溺的作用，也就不疑有他（至於男童，自然更不會懷疑這一點了）。把肚臍當作生門的見解在過去非常普遍，即便是受教育的女子，有些到了成年還這麼認為，甚至認為這種問題不文雅，便不想和已婚的朋友討論。又自以為肚臍之說足以解釋一切，更無追根究柢的必要，所以很難有機會發現她們的錯誤。肚臍之說，乍看好像沒有什麼危害，但在成年期內，是很有可能發生危險的，因為她們所認知的是假的生門，而真的生門反受忽略，那危險便由此而生。在阿爾薩斯（Elsass，德法兩國交界處地，歐戰後歸法國），便流行著不少的民間故事，證明青年女子們，因為相信肚臍之說，以至於婚前就失貞的，不一而足[028]。

---

028 《人類生活百態——性道德發展史的民間調查與研究年鑑》（*Anthropophyteia*）。

這一類的故事雖多，精神分析學家佛洛伊德卻認為大多數兒童不太相信這些說法。根據他的研究結果，可知兒童們根據自己平日的觀察和思考，另外創立了各種說法來解釋嬰兒的到來。在他看來，這種說法和原始民族對於世界的由來的說法有幾分相像，往往很聰明，但也不是很完全。他在結論裡提到，這一類的說法大約有三個：第一個，也是三個中最流行的一個，男孩和女孩在解剖學上實在沒有真正的分別，要是一個男孩看見他的小妹妹沒有明顯的陰莖，他的解釋是妹妹的年紀還不夠大，否則便和他一樣，而妹妹也以為這種看法是對的。佛洛伊德認為這種看法多少有一些事實的根據，因為在孩提時期，女孩的陰蒂相對大得些，有點像男孩的陰莖。從解剖學角度來看，又造成兩種現象，一是成年女子做春夢的時候，有時自以為具備著陰莖。二是有同性戀傾向的人，便容易把這種傾向發展出來；第二個說法叫做大便說。小孩一面以為母親是有陰莖的，一面又不知道有陰道的存在，於是以為生產和大便是差不多的一種作用。第三個說法，大概也是三個中最不普通的，佛洛伊德叫做性交的虐淫說。兒童想起自己從哪裡來時，總疑心到他的父親。性交和暴力脫不了關係的學說究竟怎麼形成的，我們看不太出來，但無論如何，這說法並非沒有依據。例如，兒童和同伴打架的時候，忽然之間會體驗到性的感覺。又如父母居家的時候，有時不免做一些含有性意味的舉動，如擁抱親吻之類，父親是追逐者、壓迫者，母親是迴避者、抗拒者，在此種迎拒掙扎之中，兒童們也不免想到性結合與生育的一些底蘊來。佛洛伊德也提到兒童對於婚姻狀態的解釋，他發現在兒童心目中，婚姻的狀態是一種沒有羞澀的心理狀態，在這種狀態中，大家可以面對面便溺，或把私處供彼此觀看，而不再有什麼顧忌。[029]

早年實施性教育之益與緘默政策之害

讀了上文，可知如果我們不談性的啟蒙問題則已，否則這種啟蒙的工作很早就得開始。在文化大開的今日，性的啟蒙早就不該成為問題，但在西洋人中間，這的確依然是一個問題。三千五百年前，埃及有一位父親對他的孩子說：「我給了你母親，你母親在她的身體裡獨自擔負了你許久，一個很重的擔子，都是為了你。後來

029　見佛洛伊德所作〈論幼兒的性學說〉（*Über Infantile Sexualtheorien*），載在1908年《性的問題》（*Sexual Problem*）中。

你出世，她又心甘情願地繼續挑這副擔子，你在她的懷抱裡，在她的乳頭上，足足有三年之久。你的大小便也從來沒有叫她噁心，也沒有叫她不耐地說，『我在這裡幹什麼呀？』你上學讀書的時候，她天天送家裡做的麵包和啤酒給你的老師吃。你將來結婚生育孩子的時候，千萬要學你的母親，她這樣生你育你，你也這樣養育你的孩子。」[030] 沒想到過了三千五百年，這類的話我們反而不會說了。

我認為這一點無須多說。性的啟蒙工作應於何時開始，或怎樣開始，也許成為問題；但是這種啟蒙工作非做不可，非得仔細與謹慎去做不可，千萬不能再把它交給無知識，甚至居心不良的同伴或僕婦手中，這點毫無疑問。時至今日，誰都漸漸看出，沒有知識來當保障的天真爛漫，是有絕大的危險的。

在芝加哥的白特勒博士（G. F. Butler）[031] 說：「父母所能給的一切慈愛，宗教所能給的一切良好影響，耳目接觸與朋友來往所能給的一切修養 —— 也許可以在剎那之間化為烏有。到那時，倫理是沒有地位的，甚至連是非的意識都拋向九霄雲外，所剩下的不過是馬吉利女孩

---

030 阿美利諾所著《古埃及人之道德》（Amélineau, *La Morale des Egyptiens*）。
031 《情愛和它的聯類》（*Love and Its Affinities*），1899 年出版。

所說的『真是甜蜜呀』。」[032] 白特勒又說（這話以前另有人說過，例如克蕾克夫人 Mrs. Craik），在基督徒之間，體格越是細緻、感覺越是靈敏的人，就越容易感到性的情緒。在男孩方面，李德爾頓（Edward Lyttelton）說得好，我們總是把性的教訓、把最中心最神聖的一件事實的教訓，交給「心地齷齪的同學、男僕、園丁、或任何早年就充分受了惡濁的影響以至於在這事上胡亂發言的人」。至於女孩，法國小說家巴爾札克（Balzac）很早就說過：「一個母親可以用十分嚴厲的方法教養她的女兒，可以把女兒護衛在她的羽翼之下，然而到了十六七歲，只要僕婦丫鬟一句話，一個手勢，就能夠把她的苦心孤詣，一筆勾銷。」

下流的僕婦在這方面能有什麼惡劣的貢獻，我以前在我的《性心理學研究錄》第三部《婦女的性衝動》裡，已經有過很詳細的敘述，現在不必再說。但此種僕婦雖時常遇見，我們絕不能說她們占僕婦中的大多數。在這點上我不妨加上幾句話，例如在德國，肯特博士（Dr.

032 馬吉利姑娘，是一種比較通俗的典稱，唯審究不出哪本書。「真是甜蜜呀！」，頗類小沙彌見老虎的故事。小沙彌自幼即居廟中，從未離開廟門一步，長大後，某日因事外出，途中初遇一名婦人，感到驚詫神奇，回來後跟老師說這件事。老師說：「若所見為虎，善吃人。」小沙彌回：「美哉此虎！」——譯者

Alfred Kind）把他自己的經驗記錄下來：「我青年居家的時候，雖然僕婦丫鬟們的進退好比四月天的陽光與陣雨一樣，我卻從來沒有從她們那邊聽見過半句不正當的、關於性關係的話。她們和我們小主人之間，始終維持著一種友誼和伴侶的關係。」至於在英國，我也可以把我自己的經驗和肯特博士所說的相提並論。這不足為奇，僕婦丫鬟也是好人家的兒女，發育上也未必有什麼缺陷，她們的操性雖然未必能做出什麼驚天動地的事，至少她們對於兒童的天真大概能自然地尊重，不會在性的方面去引誘或挑逗他們。同時她們也理所當然地認為，性要發生的時候，主動的應該是男的，而不是女的。有此了解，她們縱然有性的興趣，也不至於主動了。

稍有知識之輩也能感覺到，毫無知識為根據的天真爛漫不但是一種過於脆弱的東西，不值得保留，也是一種極危險的東西，尤其是對於女子。其危險所在，正因為它沒有知識為依據。古德察爾博士（Dr. F. M. Goodchild）說[033]：「把我們的青年送到大城市裡去，在各種誘惑和刺激中間討生活，同時卻沒給他們任何準備，好像他們此去是進天國一般 —— 真可以說是一件作孽的事

---

033 〈費城之淫業〉，載在《論戰之壇》（*Arena*），1896 年三月號。

了。」在女子方面，性知識的缺乏，還有一種危險，就是使她們不能理解其他的女子。女子對於其他女子之所以不能表示一些同情的緣故，往往是因為她們太不明白生命的知識，否則絕不至於此。有位很明白這點的已婚女子寫信給我說：「我真不懂，為什麼女子在發育的過程中，對於自己和其他女子的本性，竟會如此的不理會、不過問。她們在幾十年裡對於其他女子的了解，還不到一個最平庸的男子在一日之間所得的一半。」我們事前不能在性的方面給予女子相當的教育，只好事後把保護女子以及維持道德的責任，一股腦推給警察以及其他有維持治安責任的人，真可以說是「不揣其本，而齊其末」。摩爾堅持說：「貞操真正的問題，絕不是多規定幾種法律或多增加幾個警察，而是使女子知道性的危險性，從而培養她們在這一方面的責任心[034]。」就現狀而論，我們一天到晚忙著通過保護兒童的法律，同時也不斷地叫巡警隨時注意。但是法律與巡警的功用，不論是好是壞，實際上是沒有效力的。等到要用到他們，往往已經太遲，他們只會在事後責罰，卻不會在事前防微杜漸。所以我們還需在根本上去下功夫，我們需要教育兒童們到一個

---

034 《相反的性感覺》(*Konträre Sexualempfindung*)。

程度，使他們自成法律，自成巡警。我們需要給他們相當的知識，使他們能夠保護自己的人格[035]。我記得有一個真實的故事：一名女子正在學習游泳，教堂裡的牧師聽見了很不以為然，認為游泳絕不是閨閣千金應做的事。她不服氣，辯說：「如果我因故墜水，有淹死的危險，那應該怎麼辦？」牧師說：「那妳就應該等著，等男人來到，把妳救起。」在這個故事裡，我們就可以看出應付女子的兩種不同的拯救方法，一是舊的，一是新的。女子陷入的深坑也不止一個，但是最危險、最容易墜入的就是性的深坑了。剛才所提的新舊兩種拯救的方法，究竟哪一個好，到此不言而喻。

在近代，我們要找到反對性教育的重要議論，已經不太容易。所以我們如今讀到法國寫實派小說家都德（Alphonse Daudet）所說的話，便覺得頑固得可笑。有一次有人在性教育的問題上徵求都德的意見，都德代表著當時一般男子的見解，表示反對。他認為男人不需要性教育，因為他們在街上和報紙上自然會得到一切的知識，無須特地介紹。「至於女人 —— 那就絕對不行。我

035　此種法律與警力的無能為力，向為法界熟知此事者所公認。故維爾搭窪（F. Werthauer）在他那本講大都市的道德的書（*Sittlichkeitsdelikte der Großstadt,* 1907）裡始終主張父母應負性教育的責任。

不願意把生理的知識教給她們。要教的話，我只看見壞處，看不見好處。這些事實醜得很，對於女人的本性是極不相宜的，她們知道之後，會震驚、厭惡，會覺得一切理想都是空的，都是騙人的，因而灰心喪志。」這類的話就無異於，「街道上既有許多水潭在那裡，可以供給任何人做飲料，我們又何必開掘自流井或創辦自來水廠呢？」和都德同時期的英國詩人，帕特莫爾（Coventry Patmore），在他那篇〈貞潔觀念今昔觀〉的論文裡[036]所持的見解恰恰與都德相反，他對於所謂「不貞潔的病症」下了幾分針砭，並且認為這種病症是從「我們近代不神聖的緘默」中產生出來的。這種不神聖的緘默，恰好就是都德所竭力辯護的東西。俄裔法籍的醫學家梅契尼可夫（Metchnikoff），也從科學方面申說道德行為絕不能沒有知識作為依據，並且說「最不道德的行為要算是知識的缺乏了」，他這一番話特別是為了女子說的[037]。

比利時著名的小說家樂蒙念（Camille Lemonnier），在他那本《戀愛中的人》（*L'Homme en Amour*）裡，便拿性教育的重要性作主題。書中的情節是這樣的，一個

036 帕特莫爾有一本富有藝術價值的書，叫做《詩的宗教》（*Religio Poetae*），此文即為書中之一篇。

037 見梅契尼可夫文集《樂觀之文集》（*Essais Optimistes*）。

青年男子，從小就在一個普通所謂循規蹈矩的環境裡成長，一向把性和裸體這類的事當作又汙穢又可恥的東西。因此，在成年期內，錯過了好幾次自然的與健全的戀愛的機會，到了最後，竟墮落到一名淫蕩的女人懷裡，受她的支配宰割，當她淫慾的工具，在他之前她已經玩弄過一大串的男人。樂蒙念這本書是性教育的一個貢獻，他苦口婆心地要人了解性教育是衛生的、健全的、自然的一件事。不幸在 1901 年，他在布魯日（Bruges）被檢舉，後來雖被判決無罪，但已經反映出近代一般人在這方面的感想了。

母親的導師資格

上文所引都德所表示舊的見解，認為性的事實既齷齪得令人厭惡，又使青年人的心靈產生劇烈變動，以至於灰心失望——實在是完全錯誤。李德爾頓認為這種事應該由母親講給兒女聽，並且根據經驗說：「兒女們聽這種講解的時候所表現的那種天然的尊敬之心、那種了解的真切、那種天真細膩的神情，真是一種絕大的啟示，叫你知道自然的美是沒有期限的，沒有界限的。我常聽見人家講童年天真的美，非筆墨所能形容。但是我敢說他們只知其一，不知其二，他們知道天真的美，卻不知世間有美於天真的東西在，那就是把生命、生育，以及兒童們自身來歷的奧祕講給他們聽的時候，你所得到的一些經驗。但是這種審美的權利只有絕少數開明的父母可以享受，一般人就談不上了。就一般的情形而言，我們不但不能給兒女們適當的知識準備，自己也常輕易地斷送掉得到此種神聖經驗的機會。」卡本特（Edward Carpenter）也有同樣的見解，認為把母子的生物關係講給兒女聽是一件容易又自然的事。他說：「一名在青春期內的兒童，因為潛在的情緒與性的本質逐漸地像花一般的綻放，這時最能夠體認性的意義，並且體認的過程往往很細膩、很能不涉邪念（在今日比較開明的情形下，兒童尤其能如此，至少要比他的父母或監護人要高明得多了）。因此，只要教的人能夠有相當的同情，兒童是最肯領教的，他的羞恥心絕不會因此而受打擊。羞恥心是青年人的一種自然、有價值的保障，本來不該受打擊的，如今只要教得其法，也就不成問題了。」[038]

近年，輿論已大有變動，比較開明的社會領袖大多數承認性知識的教育不應僅僅施於男童，亦應施於女

---

038 《愛的成年》（*Love's Coming of Age*）。

童。幾年以前，有人把歐美各國各界男女領袖在這方面的意見收集在一起[039]，發現真正反對這層見解的只有兩位（猶太教師阿德勒 Adler 與林頓夫人 Mrs. Lynn Lynton），而贊成的卻有法國作家亞當夫人（Mme Adam）、名詩人哈代（Thomas Hardy）、英國小說家白桑爵士（Sir Walter Besant）、挪威戲劇家比昂松（Bjoernson）、英國小說家凱恩（Hall Caine）、作家格蘭德女士（Sarah Grand）、退化論者諾德（Nordau）、英國節制運動家薩默塞特爵士夫人（Lady Henry Somerset）、奧地利小說家蘇特納子爵夫人（Baroness von Suttner）和美國節制運動家魏拉特女士（Frances Willard）。女權運動的領袖們，不用說，自然是在贊成的一方。1905 年，德國婦女保護協會（Bund für Mutterschutz）在柏林開會的時候，便全體通過了一個議決案，認為早年的性教育是絕對不可少的，投票之際，幾乎沒有一張反對票。至於醫學界的分子，也不用說，很早就贊成這種啟蒙的工作[040]。例如英國《英國醫學期刊》（*British Medical Journal*）在 1894 年 6 月 9 日的那一期的社論裡便說：「大多數的醫學界中人，假如要

039　見〈知識之樹〉（*The Tree of Knowledge*）一文，載在 1894 年《過眼新錄》（*New Review*）雜誌。

040　《母道的保護》（*Mutterschutz*），1905 年。

在這時代、在這方面得到人的景仰，須翻一翻記憶的舊帳，把以前因為知識的缺乏而產生過悲劇的女子舉幾個例出來，要不是為了這些悲劇，我們簡直可以很無情地說，這種知識的缺乏很令人發笑。要是青年男女對於性關係以及選擇配偶的事上，能夠得到一些必要的認知，我們認為人世間一定可以減少悲哀與疾病。這種知識不一定是齷齪的，即使真的齷齪，至少比因為沒有知識而產生的胡思亂想還要好些。」再如美國醫學會（American Medical Association）有一次開年會的時候，芝加哥的路易斯博士（Dr. Denslow Lewis）也長篇大論地申說青年男女性衛生和性教育的重要。路易斯之後的九位講員，有好幾位是舉世聞名的醫師，也都異口同聲地贊成這種主張[041]。又如，霍華德（G. E. Howard）在他那部巨著《婚姻制度史》的結尾裡也認為，要根本解決婚姻問題，性的教育必須要談。他說：「在未來的教育設施裡，性的問題須占有榮譽的地位」[042]。

承上文，可知性教育的重要，在理性認知的方面，已經很普遍。但這種認知已經變成實際的措施與否，反

041　1903 年《法醫雜誌》（*Medico-Legal Journal*）。

042　見霍華德所著《婚姻制度史》（*History of Matrimonial Institutions*）。

是另一問題。也有不少的人一面雖承認性教育的不可不講，一面對於施教的年齡，卻又躊躇不決。觀察他們的態度，好像他們的內心始終認為性是一種不祥之物，因此，性教育無非是一件不可避免的惡事，雖不能不做，至少是越遲越好。這種態度可以說是完全錯誤的。一個兒童對於他自身的由來，要求相當的了解，這種要求是極其自然的、誠實的，也是毫無危險的，只要做長輩的不加以遏止就好。一個四歲的小孩也許會很自然地、很單純地提出這些問題來。這種問題一旦提出，尤其再三提過以後，我們認為便應立刻答覆，答覆的態度要同樣的自然與單純，並且還要真實，不應有一句哄騙的話。至於答覆的內容，應周密到何種程度，那便要看兒童的智力與成熟的程度而定，未可一概而論。這便可以說是初期的性教育，這初期的來到，早則四歲，遲則六歲，不應遲至六歲以後，要是做父母真正留心的話，也不會遲至六歲以後。六歲以後，無論保護得如何周到，總免不了外來的影響。至於男女兩性在這方面的分別，摩爾認為不論在哪一個時期裡施教，女的總該比男的早一些。這是合理的，因為在青春期以前的發育，女的要比男的早。

性教育既須在孩提時期內授予，那麼，做老師的應該是誰，便不言而喻了。這個權力無論如何應該屬於母親。除了從小就失恃或與家庭分開的小孩以外，也唯有母親才有自然的機會來接受和答覆這一類的問題。就尋常的情形而論，做母親的無須先主動開始。一個小孩的智力和好奇心自然會發展，發展到相當程度以後，自然會供給許多的機會，使她的慈愛之心與循循善誘的能力有用武之地。她也無須有什麼專門知識的準備，只要她對於母子之間的純潔與尊嚴，有絕對的信仰，談話的時候能溫存、能坦白，不作忸怩之態，不說哄騙的話，就行。只要這些條件都能具備，任何母親都可以說已經有了充分的準備，不怕不能應付兒女的需要了。

各先進國最有權威的學者，不論是男是女，現在似乎都已經承認，母子生理關係的知識應該由做母親的相機講給子女聽，所謂相機，就是指兒女一旦開始發問，便須答覆。例如摩爾在德國便曾經再三地立論，他始終認為性教育是私人與個人的事務；在學校裡面，學生如有手淫等習慣，也不宜由當局向大眾或個人發出警告（但摩爾認為在學生年長以後，對於性病的警告與訓誨是應該的）；摩爾認為唯有做母親的才配傳授這種切身的知識，同時也認為此種傳授的工作，可以不拘年齡，但所授的內容須與兒童的年齡相稱，便不成問題[043]。

德國消滅性病會（German Society for Combating Venereal Disease）在曼海姆（Mannheim）舉行會議的時候，曾經採取「性教育」為唯一的討論題目，當時大多數的意見，也主張由母親從早下手。葛羅根堡夫人（Frau Krukenberg）在會場上說：「以前小孩無法了解性，理應由母親負責供給，這方面先做到了，我們再說別的。」[044]有一位老師叫做恩德林（Max Enderlin）也在會議裡說：「一些初步的解釋，理應由母親供給，因為兒童最初也是最自然地找到的人便是母親，不是別人。」[045]又如在英國，李德爾頓說，母親對於兒子在性的啟蒙與性的保護這兩方面的責任，是非常重要的，並且這種責任應及早負起[046]。李德爾頓是英國公立學校校長之中有名的人物，他在這方面的言論一向以乾脆清楚見稱，值得我們

043　同本書「性衝動的早熟表現」注 10 所引書。

044　〈母親之責任〉（*Die Aufgabe der Mutter*），載在《性教育學》（*Sexualpädagogik*）。

045　〈母親之責任〉（*Die Aufgabe der Mutter*），載在《性教育學》（*Sexualpädagogik*），另一文《民眾學校中的性問題》（*Die Sexualle Frage in die Volksschule*）。

046　李德爾頓所著《母與子》（Edward Lyttelton, *Mothers and Sons*）。

的注意。另有一位校長，巴德利（J. H. Badley）也承認母親的工作應在任何人之先[047]。諾士柯德（Northcote）也認為在這一件工作上，父母的責任是最基礎的，至於家醫與老師的責任，乃是後來的事[048]。在美國也是如此。阿倫夫人（Mary Wood Allen）主張只要小孩一有問題，母親便該講給他聽，最初發問的年齡大概是四歲，母親不應以其年紀太小而置之不理。夫人一面敘述此種講解的方法，一面又舉例只要講解得法，便可以增加母子間的感情與信任[049]。

研究性教育的人裡，也有少數人認為這種教育應在十歲以後開始，不應過早。我們很不以為然。因為十歲或甚至十歲以後，會發生一種困難，就是講解的時候一定不比早年自然，也不能再用簡單的語意。同時兒女的身材日漸高大，幾乎與成人沒有分別，母親也不免覺得難以啟齒，要是從小講慣，自然不成問題，但若是第一次，那真是不好開口。既不容易開口，或開口以後，自忖說得不好，或說了不能發人深省，她或許索性完全不

---

047 〈性的難題〉（*The Sex Difficulty*），載在 1904 年之《廣識雜誌》（*Broad Views*）。

048 《基督教與性問題》（*Christianity and Sex Problems*）。

049 《兒女的信任與其報酬》（*Child-Confidence Rewarded*）及其他小冊。

說，不了了之。這樣一來，性依然是一種神祕的東西，讓兒女們自己暗中摸索，於是各種令人難堪與誤入歧途的經驗又在所難免。

延遲性教育開始的年分，是有害而無益的，我們可以從另一方面看到。兒童的性衝動雖然很模糊，卻往往緊緊追著，驅遣不開。對於這種兒童，尤其是對於其中比較聰明的，你越是把性的事實遮遮掩掩，他越要窺探，結果產生一種病態的性好奇心理，導致比較平淡的知識不足以滿足。這是很早就有人承認的事實。在十九世紀初，白都士醫師（Dr. Beddoes）就說過：「我們用盡方法來減少兒童對於彼此形態上的好奇心，但總是徒勞。無論家長怎麼隱瞞，也無論他們用什麼轉彎的方法，把這本小說藏起來，把那本筆記打開，卻不能把兒童們的好奇心壓下。全部人類的思想史裡，離奇詭變的部分也不多，但什麼都比不上青年男女在這方面各種出奇制勝的心思，任你用天大的祕密，他們總有方法來刺探。只要他們刺探到什麼，那刺探到的東西，對於他們的想像，便無異火上添油，越發不可收拾。」[050] 卡衡（Kaan）在最早的一本專論「性的病態」的書裡，也把隱

---

050 《衛生論》（*Hygeia*），1802 年出版。

諱認作性精神病的一個原因。馬羅（Marro）也說隱諱非但無益，而又害之，因為越是遮掩，越容易集中人的視線[051]。荷蘭名作家穆爾塔圖里（Multatuli），在他的書信裡，有一次也提到隱諱的危害，認為隱諱反增加兒童的好奇心，並且指出因掩飾而造成的知識缺乏不但不能保全兒童的純潔，反而促進他們胡思亂想。（佛洛伊德曾經引用這一番話，並且加以讚許。）阿倫夫人也曾為此向一般的母親忠告，認為千萬不要遮遮掩掩，讓令人難堪的神情在性的知識上表現出來[052]。她說：「要是一名老師，在答覆這類問題的時候，怕難為情，那他就不配當老師，因為那種怕難為情的神情有一種潛移默化的力量，使兒童們感覺到一件好東西受了糟蹋般的不愉快。這種不愉快的感覺要不得，而且是可以避免的，只要老師對於性的純潔，能夠先自我認識一番。」她又接著說：「生死同樣是生命的大關口，講起死，我們就有一種莊嚴肅穆之感，為什麼講起生來，就不怎樣？難道生命的消逝反要比生命的誕生來得嚴重嗎？」瑞丘蒙夫人（Mrs. Ennis Richmond）寫過一本關於母教的書，中間說了不少

---

051 《春期論》（*La Puberté*）。

052 《衛生論》（*Hygeia*），1802 年出版。

有道理有經驗的話，有一段說：「我要三令五申地說，我們對於身體某部分所守的祕密，實在是兒童思想中危險成分的原因。從很小的年紀起，大人就告訴他們說，這部分是神祕的，不但神祕，並且是齷齪的，那神祕就從這齷齪中來。」因此，小孩對於這部分，是沒有什麼名稱的。有時你要提到它的時候，你總是吞吞吐吐地低著脖子說「那是你不應當談到的部分」，或其他類似的語氣。所以，如今我們談起性的知識，第一你的孩子對於身體和它的生理作用需要有一套便於引用的名稱，第二需要教導他聽習慣這些名稱，也意識到自己正使用它們，目的要使他很自然地、公開地習慣這些名稱，好比他習慣耳目手足一類的名稱一樣。這種說法，因為社會的風氣導致不能在公共場所通用，但至少你可以在孩提時期內，打破這種風氣，要知道在這時期內，這種風氣是百害而無一利的。你的孩子在公共場合，或在客人面前，有時不免說出你認為不好聽或難為情的話，照尋常而論，你原本會很自然地告訴他說：「孩子，我對你說，你這話可以對你父親講，也可以對我講，但因為各種原因，客人們不會談論這種東西。」你以後可不要如此，讓你的孩子去說，不要阻止他（假如你的客人嚇一跳，也只好讓他去）[053]。性終究是一個神祕的東西，但是瑞丘蒙夫人也曾經正確地說：「生殖與生產，真正的神祕與通俗的那種鬼鬼祟祟的神祕，實在有天壤之別，不可以不辨。」

至於生殖與便溺的器官和他們的作用、應該用什麼名稱來明白指出，也的確有些問題。在這部分，我認為每一個母親只有用她自己的聰明，參照她所處的社會環境與背景，斟酌辦理。我以前在另一個地方討論「害羞心理的演化」時，曾經提過，在這些地方，人類大多數喜歡採用各種新的好聽的名詞。英文中有許多舊的與簡單的名詞，在大詩人喬叟（Chaucer）引用的時候還是很正當、很自然的，但後來就被俗人認作泥穢，難登大雅之堂。但事實上它們卻是毫無疑問的、最雅馴的一些名詞，並且就字的來源而論，也是最莊嚴、最達意的。所以近來有許多人主張把它們從泥穢中拯救出來，把它們原有莊嚴的意義教給兒童們。有一位醫界的朋友寫信告訴我，他總是對他的兒女們說，那些關於性的粗俗的名詞實在是很美的古字，所以我們只要認識得當，我們絕不會把它們當作開玩笑的題材。它們既單純簡潔，又莊

053 《童年》（*Boyhood*）。

嚴穩重，能夠把生命中的知識傳達出來，只有那些最低級的人才會把它們看做淫穢的事物，因而嘲笑取樂。有一位美國的科學家對此也有同樣的見解，他曾經私下編印過幾本關於性問題的小冊子，在那些小冊子裡他就很不客氣地採用這些古雅而簡單的名詞。我認為這是我們應該追尋的理想，雖然我們也承認在今日要達到這種理想，有很明顯的困難。但無論如何，母親應該在這方面有充分的準備，對於兒童隨時的提問或提問的那些身體的部分與其生理作用，應該都有正確的名詞，而廢棄模糊的名詞。

造作的神祕與其惡劣影響

我們有時候聽見人家說，在幼小的時候，我們不應該把生命由來的知識講解給兒童聽，無論你講解得如何簡單，總是不相宜的，最好是採用神仙故事的方法，把知識用象徵的事物表達出來。我們絕對不贊成這個作法。神仙故事在兒童教育裡有重要的地位，可以激發兒童的想像力，我們非常認同。這種故事對於兒童有真切的價值，是兒童理智的養分，沒有了就要饑荒，在幼小的時候不供給他這一類的養分，那就是對不起兒童，並且以後再也不能希望有什麼方法可以補救，這些我們都承認。但是，性的知識卻不能採用神仙故事。有兩個理由，第一是性的知識太真實，事關重大，即在童年，也絲毫不能假借他處；第二是性的知識本身是極神奇的，其引人入勝的能力，足以激發兒童的想像力，並不在普通神仙故事之下。

即使上文所提的幾個理由不能成立，我們至少還有一個最堅決的理由來反對用神仙故事來傳授性的知識。真正慈愛為懷而明白母教之重要的母親，看到了這個理由，便不再懷疑。這理由就是，無論你把那神仙故事講得如何天花亂墜，你的小孩不久便會因自己的聰明或別人的言語，而發現你撒了一個大謊。他問的原是關於他的經驗裡一點簡單的事實，你答的卻是神話，不就等於撒謊嗎？你說得越天花亂墜，越見謊言之大。從此以後，母親對於他在這一類事上的好影響一定會煙消雲散，再也收不回來。小孩是最怕上當的，他受了一次別人的欺騙，再也不願意有第二次的嘗試，以免自討沒趣。他認為性的疑問既得不到直截爽快的答覆，足見這種疑問原是不該提出的，提出而受別人冷待，豈不是一種羞辱？從此以後，關於這類的事他絕不再向他的母親提出疑問，他已經不能再信任她。一樣要講性的「神仙故事」，他以後自己也會學著講，不必再勞駕母親。他當初向母親發問的時候，原是出於十分信任的心理，可是她的答覆卻出於一種提防的心理，這樣不能推心置腹的母親，費爾德女士（Henriette Fürth）說得好，是要招致禍患的，她遲早會看見「兒子對她的情愛與信仰活生生地被一個街頭巷尾沒有多少家教的孩子偷了去」。如果母親到此境地還不知幡然悔悟，依然拿那些無聊的故事來搪塞，結果，除了失去信仰與情愛之外，更引起兒女們對她瞧不起的心理。兒女們早就從街頭巷尾得知了一些真相，你卻還在那裡說夢話，又如何叫他們瞧得起妳呢？（摩爾在這方面曾經舉過一個真實的例子。）沒有眼光的母親，起初認定了兒女們的天真爛漫，認為他們不會受外界的濡染，因此自己不加努力，後來有一天忽然發現兒女們對她的感情大非昔比，遇到困難的時候，也不再向她求助，因此遺憾終生的，所在皆是。談起信任這一點，原應由母親開始的，凡是不信任母親的那些兒童，總有原因，那就是當初坐在母親懷裡的時候，多少上過一些當。

母親的責任

母親對於兒女們早年所實施的性啟蒙教育不算專業，也不應該專業。她應該知道這是她的義務，也是她的權利來做這一件事。也應該知道這種教育的性質是一種私人的與親密的啟發，而不是一種正式的指導。母親自己得先受些教育[054]，但這種教育的重心並不在於專業知識的增加，而在於她的慈愛和見識的培養，在最初的時期裡她所需要的科學知識是很簡單的。她主要的任務是很清楚地讓兒女們知道他們和她自己的密切關係，同時也應該把世間許多小生命和它們的母親的關係，分別敘述清楚，來作陪襯。母親又可以把這許多母子關係的知識，用卵的觀念概括起來。卵是一個原始的固體所採取的最基本、最簡單的方式。卵的概念 —— 包括植物種子在內 —— 不但對人適用，對世間一切動植物也都適用。在初期的解釋裡面，父子關係還牽涉不到，不妨留作第二步的題材，或至少應該等子女發問時，再替他們說明。

除了兒童由來的問題以外，兒童對於他自身的性器

054 凱斯（E. L. Keyes）說：「父母要知道怎樣把性知識傳授給子女，自己需先受相當的教育，而這種父母教育便應該從他們自己做兒童的時候開始。」見〈性的教育〉一文（*Education upon Sexual Matters*），載在 1906 年《紐約醫學雜誌》（*New York Medical Journal*）。

官以及父母兄弟姐妹的性器官，也時常表示相當的興趣，不過在他看來，這些不過是便溺用的器官罷了。母親不妨用很簡單、很自然的語氣，來滿足他簡單而自然的一點好奇心；不妨很老實、很不含糊地把這些器官的名稱叫出來，至於這些名稱應該要通俗些呢，還是不通俗呢，母親不妨審情度勢，斟酌辦理。這樣一來，母親無異間接地築成一道堤防，使兒女們年紀稍長以後，不至於接受那些偽善的性見解。同時她也可以於不知不覺之間，使兒女們對於自己的性器官逐漸養成一種敬而遠之的態度，和不敢狎玩的習慣。這樣，兒女們因母親的循循善誘，既了解自身生命的由來，又明白生殖器官的功用，無論他們所了解與明白的是如何粗淺，至少他們已經走上性知識與性衛生的大道，前途的正常發展已經比較有把握了。

能夠真誠地和兒女相見的母親，很有光明的前途。再加上一些聰明、一些隨機應變的能力，她便會永久維持兒女們對她的信任，一直到青春期，甚至到難關重重的成年期。但就今日的文化而論，狹義的母親為教育家的任務，在青春期前後，便可以結束。到那時候，兒女們所需要的性知識較為專門，較為客觀，完全無須再用母子的關係作參考。這種知識的供給，普遍該是學校的責任。

那個偉大而同時有些不可捉摸的教育家巴斯道（Basedow），真不愧為盧梭的弟子，他是一名性教育的前輩，他在學理上和實驗上都有過幾分貢獻，他所施教的範圍以十歲和十歲以上的兒童為限。在他那本大著作《基本學程》（*Elementarwerk*）裡，他也堅持這個題目的重要。他說，小孩有問題的時候，應該據實答覆，同時也應該教導他們，切不可把神聖的性關係當作開玩笑的題材。胎產的圖畫，應該給他們看；不規則的性行為的危險，也應該一開始就解釋給他們聽。更應該把他們帶到醫院裡去，讓他們目睹性病的各種惡果。巴斯道也知道他這本書裡的主張和他實際的教授工作會讓許多父母與老師精神上受莫大的震撼，但是，他說這些人看了基督教的《聖經》，便該受些震撼[055]。總之，巴斯道太過超越他自己的時代了，不但是他自己的時代，甚至還超越了我們的時代，所以當時的影響既不大，他死後也並沒有幾個繼承此思想的人。

比巴斯道晚的，又有一位著名的英國醫生，就是白

---

055 此方面的參考物不止一種，例如平洛希之《十八世紀德國教育之改造：巴斯道與慈善主義》（Pinloche, *La Réforme de l'Education en Allemagne au dix-huitième siècle: Basedow et le Philanthropinisme*）。

都士（Thomas Beddoes），他也用公開演講和展覽圖解的方法，來推廣性的知識。他在 1802 年出版《衛生論》，在這本書裡他揭穿普遍那種不合情理的見解。他認為世俗之見，一面要人家不做傷風敗俗之事，一面卻又隱瞞性的事實，實在是一大矛盾。他說：「聰明的操守和盲目的無知絕不能存在同一個胸襟裡。」他在那本書裡也很詳細地討論到手淫和性教育的需要。生物界的各種現象，他認為大可以用演講的方式來讓大家知道，並且根據他自己的經驗，聽講的時候，盡可能讓男女共同入座，絕不會發生什麼有礙觀聽的事。在他自己的經驗裡，他又發現植物、兩棲類、母雞與卵、人體解剖的圖說、各種疾病，甚至病的表現，對於性教育都是有幫助的。小孩對於性差異的知識，如能從解剖的題材方面得到，他認為是很適當的，所以他認為解剖室是施教的良好場所，因為死的尊嚴可以留下一種很深刻的印象，使兒童們可以把病態的、偽善的性觀念徹底打消。但關於最後這一點，我們不多說，白都士並沒有找到許多贊成和提倡的人。我們只要想起兒童們銳敏的感覺，就覺得這種印象很不適宜，同時我們也覺得沒必要把死人抬出來，生的尊嚴和死的尊嚴不都可以感人入深嗎？

學校中的性教育

至於學校在這方面的責任，近年來也有很多人提倡，其中尤以李希紐士加女士最為有力、最能幹。她對於兒童教育和兒童的生活以及他們的家庭環境，有過三十年的經驗，所以說來頭頭是道。她說在今日大批民眾的家庭生活中間，到處可以看見很粗率的性的事實，兒童耳濡目染，日久視為當然，但是比較純潔與開明的教導，可以說是沒有任何機會，原因自然是父母的知識缺乏與道德能力的薄弱。在這種情形之下，她認為性教育的責任，大部分應由學校擔負，並且這種責任也和近代文明的趨勢完全符合。她主張一種分期教授的方法，對於第五年級或第六年級的兒童，應該借重圖案之法，讓他們知道高等哺乳動物的性器官的形態與功能，取材應以公牛與母牛為主。所謂功能，胎產的知識自然也包括在內。這部分教過以後，老師就可以很容易地過度到人的方面，他不妨輕描淡寫地說：「小孩在母親肚子裡長大，就好比小牛在母牛肚子裡長大一樣。」

李希紐士加女士這一番議論，自不容易否認，她所提出的教授方法，也似乎和現代文明所進行的路相符合。她那種教法是正式的、冷靜的、不牽涉到個人的，她並不把性的知識特別提出來教，卻把它當作自然歷史的一部分教。這種教法，在知識方面，可以補足母親教育時的不足，同時也不會打消母子間或母女間早就培養起的那種信任和親密關係。這種信任而親密的性知識的啟發，我們上文已經討論過，雖不能寄望今日沒有受過多大教育的大眾，仍然是最妥當的辦法。白都士所提的方法雖妥善，卻不能取而代之。

教授生理學的基礎知識，在將來不免以學校最為適合，但在目前的確還行不通，尤其是這種基礎知識裡包括性與生殖，而不像以前把人當作一種沒有性的動物。一個教育程度低下而粗劣的社會可以說老在一個惡圈子裡轉。這樣一個社會中的分子從小就受了一種教育，認為性的事物是骯髒的，他們成長有了孩子以後，自然也竭力反對孩子們在這方面獲得什麼知識。一個學校教師身處此境地，想有所作為，是萬分困難的。如果這個社會是一個比較民本的社會，誰都有出頭說話的機會與權利，那這個處境不但更困難，甚至完全行不通。所以在將來，我們無法把性的生理介紹到學校裡去，就是把它當作一般生理學來介紹，不另立課目，這部分還有很大的阻礙。性的生理原應該這樣介紹的，但無奈還行不通啊！

植物學與動物學的價值

但在學校以內，至少植物的生理學是可以全盤教授的。反對教動物生理的空氣雖濃厚，並不影響到植物生理的課程。所以我們認為在青春期以前的青年，應該在這方面取得一些知識。這至少有兩個理由。第一，植物對於性現象的初步，表現得最赤裸，也最扼要；對於性的性質、由來和意義，表現得也最清楚，一點也不含糊。第二，老師講解的時候，不管學生是男是女，是多大年紀，盡可以坦白地說，不受什麼阻止，因為在今日，大家對於植物的性現象，至少不以為忤。同時，老師對於植物性作用的美麗與其富有的詩意，可以盡量地指點出來。動物的性作用又何嘗不是同樣的美，只可惜我們平日粗劣的習慣、陳腐的教育、偽善的聯想早把我們的心給弄糟了，教授的人既不易開口，受教的人也不容易入耳。從植物的性現象到低等動物的性現象，相差不過一間，過度是不難的，老師可以斟酌辦理。

距今一百五十年前，有一位教育界前輩查爾茲曼（Salzmann）主張實施兒童性教育的時候，應先授植物學，繼以動物學。以植物學為初步的方法，到現在已經很普遍地為人所提倡，例如馬羅（Marro）[056]，又如胡德墨諾（J. Hudry-Menos）[057]。桑墨（Rudolf Sommer）在一論文裡[058]也主張從簡單的自然歷史知識入手，他說：「性教育初步的機會真是不一而足，講神仙故事的時候，鄉間散步的時候，一個水果、一顆雞蛋、農夫的耕種、鳥兒的築巢 —— 哪一個不是大好的機會？」李德爾頓也主張相同的方法，並且特別申說母子間彼此信任的必要，他說：「關於動物界的性現象，如需參考，應以兒童一般的知識程度為限，不宜急進，目的在使兒童對於這種知識，認為是一般知識，而不是分立的或隔離的。但無論如何，最重要的一點是隨時應注意到兒童對於母親的情感，和那種因母子關係而產生的一種天然的敬意。」同時又說，無論如何困難，父子關係也應該一視同仁地向兒女們講解明白[059]。凱斯（Keyes）也主張從植物的性事實入手，其次為昆蟲和其他低等動物，由此遞進乃至人類。這樣循序漸進，就可以免除那種不健全的神祕意

056　同本書「母親的導師資格」一節注 14 所引書。

057　〈教育中之性問題〉（*La Question du Sexe dans L'Education*），載 1895 年 6 月之《社會主義雜誌》（*Revue Socialiste*）。

058　〈女子教育歟？人格培養歟？〉，載在《性與社會》（*Geschlecht und Gesellschaft*）。

059　《性的法則與兒童的訓育》（*Training of the Young in Laws of Sex*）。

味[060]。瑞丘蒙夫人認為兒童應該有機會到鄉間居住一陣子，因為在那裡不但可以認識自然界的一般知識，對於普遍不容易用言語來講解的動物的性知識，也可以直接觀察得到[061]。卡瑞因夫人（Karina Karin）有一次把她和她九歲的兒子幾次談話的部分內容記下來，也說到他兒子最初發問的時候，她也用植物作教材，後來用魚用鳥，最後才講到人類懷胎的知識，把一本產科必備的書所載胎孕的圖畫給他看[062]。德國拒梅毒大會有一次開特別會，以性教育為總題，許多講員也再三主張此種教育應從植物的現象入手[063]。

自然歷史的過程，從植物到低等動物，再從低等動物引到人類的解剖與生理，是很單純也很自然的。在青春期以前教授這一類的知識，大約不會十分詳細。但無論如何，性是每種課程中必然有的一部分，所以無論所授為男童或女童，都不應該故意把它剔除不教。以前有許多完全不講生殖系統的生理教科書早該束之高閣，不再採用。睪丸的性質和分泌、卵巢和月經的功能、代謝

060 1905 年之《紐約醫學雜誌》（*New York Medical Journal*）。

061 同本書「母親的導師資格」一節注 16 所引書。

062 《兒童自覺的貞潔與其教法》（*Wie erzieht man ein Kind zür wissenden Keuschheit*），見注 3 所引書。

063 同本書「母親的導師資格」一節注 7 所引書。

作用與泌尿作用的意義等等，不等青春期來到，無論男女兒童，都應該大略明白。

對於女子性生活應有的態度

五六十年以前，女子的性生活之所以受到父母與教師的忽略，原因是在上文已經提過的那種虛偽的羞惡心理。到了今日，女子教育的觀念已經大變，看似不再受忽略了，事實上卻也不然。不過忽略的理由卻也跟著發生變化，也就是說，女子的性生活應該像男子般的超脫與不受牽制。既要超脫，既不願意受牽制，性的議題自然也在不聞不問之列了。時代既變，情形亦變，而大家對於女子性生活的漠不關心與置若罔聞卻沒有變，足以證明前面忽略的理由無非是一些漂亮話，可以自圓其說而不是真理由，真理由還是知識的缺乏。性的知識發展起來以後，那些在幼年時破壞女性和母性健全的一些壞習慣逐漸消除，至少，月經這一點可以充分地受人了解。然而，就現狀而言，所見無非是一些很慘痛的事實：一方面，經期腹痛、經期不準甚至於停經的青年女子或婦女，幾乎到處皆是；另一方面，原來很健全的女子，因為在發育初期、月經初到的年齡裡，在日常生活方面不知調節休養，以至於引起巨大與永久的損傷，也隨時可見。醫學界的領袖，無論是男是女，對於這一點的觀察，可以說幾乎完全一致，沒有例外。幾年以前，有一位女醫學家雅可比夫人（Dr. Mary Putnam Jacobi）寫了一本專書，叫做《婦女的休息問題》（*The Question of Rest for Women*）。她在那本書裡有個結論，她說「普通健康」的女子可以讓月經來去自如，不必管它，但同時她也承認女子之中有 46% 是算不得「普通健康」的。百人中算不上普通健康的多至四十六人，幾乎等於半數，我們也就不等閒視之了。在學校或工作中的女子，對於工作或遊戲，往往熱心過火，以致不計利害，把自己的健康孤注一擲。對於青春期內的休息與養護，教師們已逐漸一致地認可，並且慢慢地也感覺到，要是最初經期的一年之內，一個女子能善自調節，雖有工作也不過於勞碌的話，不但於健康有益，就教育的效率而言，也並不是一件壞事。這些都是很好的現象，所以再過一時，大家對於性的知識日益增進，對於舊的成見，日益放棄以後，我們就不難看見女子們可以從傳統、虛偽的文化裡解放出來，不再像以前那樣把個人生活中最自豪的一方面引為奇辱大恥，從而加以粉飾。要知在健全的原始民族裡，性與生殖始終是一件很坦白榮譽的事。美國心理學與教育界前輩霍爾（Stanley Hall）在他那本鉅細靡遺的名著《成年》（*Adolescence*）裡也同樣期待這解放的一天，書裡有一段讓我們歡欣鼓舞的話，「我們應當讓女子們知道，月經的作用不但不是一種恥辱，而是一件值得尊敬的事，從而加以倡導養護，在最初幾年內，要特別注意休息，務要循著安全與正常的路徑走去，直到可以穩健地成長為止。要是世間再有比我們高的本體，如神仙之類，能在上面觀察我們，好比我們觀察花草一般，那麼女子月經初到的幾年，便無異一棵植物開花的幾個鐘頭，是最美麗、最有趣不過的。將來對於個人的知識比較發達以後，女子在這時期裡，一定會特別地尊重自己，不妄自菲薄。野蠻民族名為野蠻，卻很能尊重這段時期，並且因而對女子有肅然起敬的心態。若有一天女子們真為她們的權利抗爭的話，她們一定會以這方面作為起點，並且要一反從前的心態，把男子教她們自認為恥辱的這件事認作榮譽。目前流行的婦女解放運動裡，那群領袖便不明此理，以前男子看作是女子身上的一件恥辱，她們竟依樣畫葫蘆地看作一件恥辱，並且比她們所要勸導的女子還要看得厲害，名為解放，實則變本加厲地陷溺，有更甚於此的天下傷心事嗎？」[064]

霍爾這一番至理名言真確可靠。也許近年以來，情形已稍稍比以前開明，但就前數年而言，霍爾所說的那些足以長嘆的事仍然存在。所謂女權運動的領袖往往就是出賣女權的人。她們所採取的一些理想，原是男人的理想，她們勸告女子的，無非是要她們做次級的男子；以女學男，畫虎不成反類犬，只好屈居次級了；她們對大眾宣告說，凡是健康的、天然的女子不用管月經作用。這真是以真作假、以假作真的見解。恩格爾曼（Engelmann）說：「這些女權運動的領袖口口聲聲說，在自然狀態下，女子的體格和男子相等，又時常喜歡拿原始民族與野蠻民族的女子做證據。不錯。但同時，她們也知道野蠻民族是如何了解女子體格上那種有時期性的特點嗎？她們知道在那時代裡野蠻民族的男子怎樣細心保護他們的女子嗎？我相信她們並不知道。月經可以說是女性生活中的一種高潮，潮來的時候，女子應受特殊的保護，使她絲毫不受毀損 —— 這原是任何民族所能領會

064　見《成年》一書。幾十年以前，1875 那年，有一位克拉克博士，在他的《教育中的性問題》一書（Dr. Clarke, *Sex in Education*）中，談到經期休息的必要，便引起了一番劇烈的非難。在今日，這類非難已不會再發生，因為大家對於女子的特殊生理情形與其可能的危險，已經逐漸地明白。

與見諸行事的一點。他們的宗教生活雖簡陋，但是對於可以使女子在經期中得到休息的宗教習慣，卻是最牢不可破。」我認為普天之下，唯有在白種人中間，可以找到很普遍的、因為不注意性的健康而引起的女性病廢現象，也唯有在白種人中間，才會發生眼下這種因噎廢食的現象。以前女子之所以深居簡出，名為是宗教習慣所養成，實際上最初卻是因為月經作用的需求，如今帶領女權的人不明此理，認為宗教習慣一經改變以後，深居簡出的生活便可以完全推翻，豈不是正合因噎廢食的一句老話？[065]

經期衛生與女子的教育機會及社會地位

德國學者托勃雷（Tobler）曾經研究過一千個德國女子的月經經驗[066]。他發現在絕大多數女子的生活裡，

---

065 欲知經期中身心現象的詳細情形，可參看作者所著的《男與女》（*Man and Woman*）。原始民族對於月經的觀念，在作者的《性心理學研究錄》的第一部裡，也有一番短短的討論；而比較詳細的，則可以查看弗雷澤的《金枝》一書（J. G. Frazer, *The Golden Bough*）。經期隔離的風俗，流行極廣，事實也極多，可參看普洛士與巴特爾斯合著的《婦女》（Ploss and Bartels, *Das Weib*）。托列斯海峽群島的女子在青春期內的隔離，色立格曼（Seligman）曾經有過一番特別的研究，見《托列斯海峽群島人類學探訪報告》（*Reports Anthropological Expedition to Torres Straits*）。

066 見 1905 年之《產科與婦科月報》（*Monatsschrift füer Geburtshülfe und Gynäkologie*）。

月經往往和健康的退步與活力的減少發生連帶關係。在26% 的女子中間，月經一到或將到，腹部的疼痛、周身的不快、心神的煩亂，便紛至沓來，不一而足。其他單單感覺腹部疼痛、或周身不快、或心神煩亂的，為數自然更多。都沒發生問題的，只有 16%。此外又有少數女子，居然能在經期內感覺到體力與精神特別健旺，但也有半數在兩個經期中間發生身心不快之感。托勃雷的結論是：月經雖然是生理的，但是這些症候卻是病理的。

在英國，我們也有一些零星的觀察。1908 年不列顛女醫師協會舉行會議的時候，對於正常的月經與疼痛的月經有過一次討論。當時邊沁女士（Miss Bentham）說，地位或職業良好的女子們之間，患經痛的占 50%。鄧納托夫人（Mrs. Dunnett）認為經痛的發生大概以 24 歲至 30 歲之間為多，因為早年行經時不知休息，才有此現象。格蘭傑夫人（Mrs. Grainger）發現凡有經痛現象的小學老師，是因為在學生時代為了考試過於努力的緣故。

美國的資料比較多，許多的調查研究都證明青年女子不健康的性生活是一種很普遍的現象。肯納第博士很詳細地蒐集了關於 125 個女中學生的月經生活。這些女學生的平均年齡是 18 歲。125 個人中間，經期內不感覺痛苦的只有 28 人；半數總是在經前感覺到各種症候，如頭痛、不快、心神煩躁之類；48 人則於經期腹痛以外，又感覺到別的症候，尤以頭痛與全身軟弱無力為多。散賓夫人（Jane Kelly Sabine）在新英格蘭諸州的女校裡，發現在兩千名學生中間，月經發生問題的多至 75%；90% 患有白帶和卵巢神經痛；60% 每月需要休息兩天[067]。這些發現似乎特別的壞，但也未嘗沒有意義，因為兩千之數，不能算小，它有相當的代表性。在太平洋沿岸諸州，情形也未必見佳。女醫師瑞特（Dr. Mary Ritter）在加利福尼亞大學的 660 名一年級生中間，發現月經生活不健全的多至 67%，其中患頭痛的占 27%，背脊痛的 30%，便祕的 29%，心跳聲音不正常的 16%，只有 23% 完全不受各種症候的支配[068]。又麥克默奇女醫師（Dr. Helen Mac Murchy）發表過一篇有趣的論文，叫作〈經前與經期內的生理現象〉[069]，她事前曾向多倫多地方的女醫生、看護、和女教師發出一百份徵求案，徵求案中載明 21 項經期時不正常的現象，請應徵的人在每項下面填明本人有

067　1904 年 9 月出版的《波士頓醫學與外科雜誌》（*Boston Medical and Surgical Journal*）嘗加以徵引。

068　見瑞特於 1903 年在「加州醫學會」（California State Medical Society）席中所讀論文。

069　見 1901 年 10 月之《刺胳針》醫學期刊（*Lancet*）。

無此種經驗。歸納的結果，她發現 50% 至 60% 患者睡眠不穩、頭痛、心神鬱抑、消化不良或感官遲鈍等症候；25% 至 50% 則患神經痛、頭暈、神經過分的緊張、神經與肌肉衰弱、觸覺特殊敏銳、血管收縮不正常、便祕、腹瀉、小解過量、皮膚發疹、易於傷風或經前經後頻尿等等症候。這番調查很有趣，因為它足以證明經期中普遍不健全的狀態。此種狀態雖非嚴重，但也足夠影響到一個女子的活力，一面減少抵抗外來足以致病的勢力，如病菌之類，一面更不免降低工作的效率。

月經失調是女性生活的一大障礙，有一件事可以做旁證。有些擁有成功事業或富有盛名的女子似乎不太受它的影響，反過來說，絕大多數不能成就什麼事業的女子，至少一部分是受了月經不調的牽制。婦女運動裡的領袖之所以不把月經當作一回事的理由，一部分也許在此。她們自己既不受牽制，於是推己及人，認為別的女子也都是這樣，殊不知事實並非如此。德國女士格哈德（Adele Gerhard）與西蒙（Helene Simon）在她們那本《母性與知識工作》（*Mutterschaft und Geistige Arbeit*）一書中，發現她們所研究的許多著名有才幹的女子，生平沒有過多受到月經問題的牽制。

近來有些醫學界與教育界的人士，時常主張凡屬正在長髮期內的女子，不但每逢經期應該休息兩天，還應該於月經初來的一年以內，完全不進學校。在上文所提的不列顛女醫師協會會議席上，施竇琪女士（Miss Sturge）說起某女學校裡辦過類似的試驗，凡屬月經初來的女子，在最初兩年內，每逢經期，要讓她們臥床兩日，完全不做功課，而所得的結果，非常滿意。幾年以前，葛克醫師（Dr. G. W. Cook）在一篇雜誌文章裡[070]一面舉了許多例證，一面說：「這是我的堅決信仰，我認為凡屬月經初來的女子，在第一年內，不應被功課包圍，而應多多享受戶外生活。」有一位大學畢業的女子，用了「老校友」的筆名，寫了一篇〈校友的兒女〉[071]，專門討論美國女子性生活方面的多愁善病和因生育頻繁而引起的虛弱委頓。作者並不是一個對於目前的女子教育有什麼反感的人，她認為這種教育並沒有什麼不健全之處，但見證過一群女校友生活的愁苦，她也再三申說這一點，就是女子在青春期時，應該有充分的休養。她說：「要是頭腦霸占女子的精力，試問還有什麼健全與圓滿

070　〈月經不調之幾種〉（*Some Disorders of Menstruation*），載 1896 年之《美國產科雜誌》（*American Journal of Obstetrics*）。

071　見 1904 年之《通俗科學月刊》（*Popular Science Monthly*）。

的發育可言？好比在頭腦發達以前，幼童們會把全部的精力用到體格的發展上，女子在智力生活發展以前，也得先給這至關重要的生殖系統一個自由發展的機會。所以我們至少應該給她一年悠遊自在的生活，心理上與精神上絲毫不讓她用力過度。在這一年之後，在學校生活時，也該讓她定時休息，不用太盡心，也不用太盡力。惠泰格夫人（Nellie Comins Whitaker）在性質相似的一篇文章裡也提出過相同的主張[072]。她說：「有許多女子，在青春期時，應該完全離開學校，多則一年，少則數月。以前我是不肯這樣想的，但事實勝於雄辯，終於漸漸說服我，使我不能不做此違心之論。」她在下文裡又說，這種主張最大的障礙是女子自己的任性與不受勸告，和她母親的知識缺乏，這種母親始終認為痛苦是女子分內應得的事，不必也不宜設法避免。

這樣的休息，在身體方面可以增加健康而促進未來的抵抗力，在教育方面，也未必是一種損失，因為教育原不限於學校教育，學校教育不過是全部教育的一部分而已。這休息的方法也應該是普遍通用的，不應僅僅適

072 〈美國女子的健康〉（*The Health of American Girls*），載於《通俗科學月刊》，1907 年。

用於多病和弱不禁風的女子。目前的女子教育在這方面的忽略，最慘痛的結果，倒不是脆弱的女子變本加厲地日趨衰頹，而是本來極健全、極優秀的女子們，亦不知不覺消沉淘汰。在目前緊張的生活狀況之下，據說英倫的警察人員，也不過二十五年，便已筋疲力竭，呈衰老的狀態。警察人員是任何人口中少數體力特別充盈、精神特別飽滿的分子，他們猶且如此，何況人口中花一般的女子呢？要知目前女子在學校裡所處的環境，尤為費盡心力，實在和警察在十字街頭所處的車馬喧囂的環境沒有多大分別。

女子的衛生、體育與劇烈運動

女子的多愁善病，其主要的原因似乎很明顯，就是，太不講衛生。第一，月經期內的忽略，上文已經詳細討論過。第二，是習慣上的不衛生。日常生活裡關於養護的行為與本來就不好的習慣，這件事對於女子尤其黑暗，在盎格魯撒克遜民族裡，這一點更來得明顯。在女子生活裡，這類攸關衛生的舉措往往會被一時緊急的工作或有趣的情境所擱置一邊；她們穿的衣服往往是妨礙動作的；她們對於一日三餐，往往不按時刻，也不管是否吃飽；不容易消化的食品，既不反對，滋養力薄弱的食品，卻很歡迎；每逢大解或小解的時候，或因為懶，或因為忙碌而擱置，或因虛偽的羞惡之心而竭力忍耐；甚至對於身體的清潔，有時也很不在意[073]。還有許多零星的習慣，分開來看好像無足輕重，但是合起來看，對於女性健康的影響卻也不小。社會所建造的環境，本來就沒有十分參考到女子的需求，即使女子們平日能小心翼翼，善自適應，尚且要費上九牛二虎之力，何況自己還添上許多不良的習慣呢？美國某女子大學有一次對於

073　芝加哥師範學校體育主任散朋女士（Lura Sanborn）發現兩星期洗澡一次的女子，並不稀奇。每逢經期，許多女子對於用水，還抱著一種迷信的畏懼心理，然而凡為女子，應知在這個時期裡，清潔應該是十分需要注意的一件事。晨起和就寢以前，應該用溫水「坐浴」一次，陰道的濯洗（切忌冷水），於清潔和舒適兩方面，都有裨益。經期內對於水的畏懼，是絕對沒有理由的。不多年以前，《不列顛醫學雜誌》曾經討論過這一點，各家的意見真是完全一致。有一位著名的美國產科醫生，愛德加博士（J. Clifton Edgar）對於這個主題的各種意見與事實，經過一番仔細研究後，表明需要審慎行事；而生活習慣的轉變不太急遽的話，女子在經期內也未嘗不可、亦未嘗不宜舉行冷水浴（但非海水浴），見〈論經期洗浴〉（*Bathing during the Menstrual Period*），載在 1900 年的《美國產科雜誌》（*American Journal of Obstetrics*）。愛德加此論雖非人人可以採用，但就海水浴而論，身體健碩的農家婦女或漁家婦女往往可以長時間浸泡在海水中，結果不但沒有害處，反有益處。赫佐（Houzel）曾就一百二十三個去法國濱海的婦女的經期經驗，發表過一種統計。她們都是捉蝦的漁婦，每次到海中捉蝦，需要在深可及腰的水裡浸上好幾個小時，上岸以後，接著就到街上去賣，賣完歸家，才換乾的衣服。她們都說每逢到工作的月分，她們的月經反而比平時要好處理。就一般而言，她們的經期也很準時，生殖力也大。詳見 1894 年 12 月出版之《婦科年冊》（*Annales de Gynécologie*）

緊身女胸衣和學業的關係做過一次調查，發現全校之中，穿緊身女胸衣與不穿緊身女胸衣的女生大約各占一半，但是成績優異而獲得榮譽或獎金的學生幾乎全部不穿緊身女胸衣。做這個調查的人，麥克布萊德（McBride）因此說：「假若單單穿緊身女胸衣的習慣，而且穿的時候又正值女子一生中最年富力強的時期，已足夠產生如此惡劣的影響，要是一二十個不衛生的習慣集中在一個人身上，並且終身不改的話，試問能想像那惡劣影響的總和嗎？」[074]

講起女子疾病的預防，賈爾斯（A. E. Giles）說：「女子只要能注意一般的衛生和教育，經痛的問題似乎能很顯明地避免。所謂一般的衛生，無非是指工作時間不宜太長，尤其需要站立的工作；充分的戶外運動，如網球、划船、騎腳踏車、各式器械類的運動，如環境不許可，設備不周到，則安步當車，亦無不可；食物應有定時、定量、和適當的品質 —— 老是吃一些茶、麵包、牛油、再加上一些點心之類，是不夠的；用心用力，都不宜過分，已覺疲乏時，便該停止，不再勉強 —— 這都是應該注意的一些項目。儘管讀書，但應從容不迫；

074 見麥克布萊德〈我們女子的生活與健康和她們的前途〉一文（*The Life and Health of Our Girls in Relation to their Future*），載在 1904 年之《醫學家與神經學家雜誌》（*Alienist and Neurologist*）。

要知無論讀得多慢，終有卒業的一日。」[075] 賈爾斯這一番話是非常切實的。全身運動的好處，原是極為明顯的，不但對於一般的健康如此，就是對性的發育以及精神生活的調整，也無不如此。但是要做到這一點，第一需先放棄笨重與窄小的衣服，尤其是在胸部一帶，女子體格不及男子之處不止一端，尤以呼吸的力量為甚，若再加以壓迫，豈不是更相形見絀[076]。以前女子不能自由行動，原因在於大家抱持一種理想，認為女子身體的一舉一動應以拘謹為宜，越是多方約束，越見端莊穩重。現在這種理想已不受人重視，但是它的影響至少還保留著一部分，同時從事女子教養工作的人，又不給她們充分的時間、機會與鼓勵，使她們擺脫這種習慣，進而培養她們喜歡活動的天性。這種天性的培養，實在是教育裡極重要的一部分，因為只有運動自由才可以把神經與肌肉系統建立起來，而神經與肌肉系統也就是一切活力的基礎。可惜目前的教育不太注意這一方面了，女子體格上的許多瑕疵便是鐵證。倫敦政府的醫事檢察員貝禮醫師（Dr. F. May Dickenson Berry）發現在一千五百個成

---

075 〈婦人病預防診察之管見〉（*Some Points of Preventive Treatment in the Diseases of Women*），載在 1897 年 4 月出版之《醫院雜誌》（*The Hospital*）。

076 此方面之參考甚多，例如靄理士自著之《男與女》（*Man and Woman*）。

績優異而有升學獎金的女學生中間，22% 的人患有脊椎側彎，即不向右彎，便向左彎，但是在同等的男學生中間，幾乎找不到一個有脊椎側彎狀況的人[077]。散朋女士（Miss Lura Sanborn）在美國芝加哥師範學校裡，也發現同樣的情形，一群很優異的女生裡，脊柱彎曲不正的也有17%，其中有幾個彎曲得很厲害[078]。我們看不出來，為什麼當女子便不該有一根挺直的脊柱，像男子一樣，其所以不能有的緣故，顯而易見是肌肉與韌帶得不到正常的發展。肌肉系統的發展一有錯誤，全身骨幹的布局難免不受影響，所以他們發現凡是脊柱不健全的人，大多數也是筋肉發展不健全的人，有時候也是患有貧血的人。在現狀之下，中上階級的女子，對於個人的肌肉系統，如欲有相當的訓練，機會倒也不少，但要找到比較普遍的設備，使大眾可以享用，尤其是要使工人階級或中下階級裡不能不靠力氣吃飯的女子們，也得到一些訓練、一些準備，那就絕對不可多得了。美國巴爾的摩（Baltimore）的色爾曼醫師（Dr. W. A. Sellman）也申說適量的運動、注意衛生與神經系統的休息，對於女子確有極好

077　1904 年 5 月出版的《不列顛醫學雜誌》。

078　1900 年之《醫師雜誌》（*Doctor's Magazine*）。

的效果[079]。舊金山的女醫師布朗（Dr. Charlotte Brown）竭力主張在村鎮裡，設立公共的女子體育場，同時比較大間的學校應附設專館，供女子練習自然科學、手工和家事學。女子體育場的建議很不錯，因為女子在一般體育場中，難免有男子們少見多怪，爭相觀看，平添許多麻煩。但同時我們也承認，有許多女子體育比較發達的地方，例如西班牙的鄉村中，女子的運動往往就在村裡公用的大草地上舉行，男子們視若無睹，久成慣例。我以前在西班牙旅居，見西國女子大多是軀幹健碩，與眾不同，大概便得力於此種習慣了。又遊戲一項，在男校中不但再三鼓勵，並且已成為一種強迫的項目，與課程相等；但是在女校中，這種情形只不過是偶爾為之，並非通例。這一番話並不是說女子所做的遊戲或比賽類別應和男子的一樣，類別不但不必相同，並且很不該相同。就英國而論，女子的行動似乎特別笨拙，一彎腰、一舉足之間，生硬有餘，圓轉不足，當然更不宜複製男子的遊戲與運動方式，使此種不美觀的程度變本加厲。要知力的表現雖然是我們的期望，但若表現時生硬急遽，便足

079　同本書「經期衛生與女子的教育機會及社會地位」注 6 所引雜誌，1907 年。論文名〈未婚婦女經痛之原因〉（*Causes of Painful Menstruation in Unmarried Women*）。

證神經與肌肉系統的訓練，離協調與純熟的地步還遠。用這種眼光來看，游泳和舞蹈是最適合女子的，它們不但可以促進力量，並且可以增加行動時和諧的程度。游泳的機會不可多得，但凡有機會，便應充分地利用[080]。1907 年國際學校衛生會議（The International Congress of School Hygiene）[081]席上，曾任紐約市公立學校的體育監督古立克（L. H. Gulick）說，在紐約全市的小學與中學校裡經過多次的試驗以後，他們認為對於女子最合宜的運動，要推各式的土風舞。「此種土風舞對於周身大一些的肌肉組織，都能加以訓練，使其再三地伸縮，因此，對於呼吸、循環與營養各方面，都能有很好的影響。且這種伸縮的運動，因為較為從容不迫，所以可以歷久不覺疲乏，與一般跑、跳或器械類運動所需要的伸縮不同。普通運動也許十分鐘就叫人疲乏，此種舞蹈卻可以延長三四倍的時間。有許多土風舞是富有模仿性質的，其中有模仿播種的，有模仿收穫的，也有模仿手工業的動作的（例如鞋匠），也有模仿武術的攻勢和守勢的，更有模

080　論文名〈未婚婦女痛經之原因〉（*Causes of Painful Menstruation in Unmarried Women*）。

081　關於此次會議之記載可查者不止一處，例如 1907 年 8 月之《不列顛醫學雜誌》。

仿打獵的。所以它們所喚起的神經與肌肉的動作是和種族的歷史一樣的悠遠，也就是種族習慣的一部分，最宜代表人類表現自己的一種藝術生活。假若我們用這種眼光來看土風舞，並且承認它實在是人類全部神經與肌肉的活動史的一個縮影，而不是一些雜湊的動作，那麼，根據生物學的理由，我們認為應該正式地接受土風舞為女子最合理的運動，其價值要在其他舞蹈之上。其他舞蹈也有被認為合乎生理原則的，但與土風舞相較，總缺少經驗為依據。從審美的立場來看，當然一切的舞蹈，都足以表現人的審美天性，自然要比歌唱、繪畫、與雕塑等等活動為多。」

但我們要永遠記住，我們雖主張要特別注意女子的天性，但我們並不認為女子不宜接受高深的教育。女子是否受高等教育的問題早就解決了，絲毫不用我們懷疑。所以在今日，為女子教育而奔走呼號的人，也就無須勞心地設法證明女子受教育的能力並不亞於男子，而女子教育的成績也並不在男子教育之下。當務之急，倒要讓大家知道女子有女子的特殊需求，好比男子有男子的特殊需求一樣，要是不能顧到這種特殊需求，而勉強其接受適用於男子的一些原則與限制，那麼不但對女子自身有害，對於社會生活也是毫無益處。我們對於男子，也可以說同樣的話。總之，男女之間，無論在學校或社會裡，我們雖希望他們能共同工作，相輔相成，但彼此達到生活目的的路徑，終究因天性的不同而有歧異，目的能否到達，即依憑能否遵循天性的法則。我們在這裡要牢牢記住的一點，就是女子之於男子，不但軀體比較短小，組織比較細膩，並且她們生活的重心也極容易受一種富有節奏的性的波浪所震撼動搖，這種易受顛簸的現象，對男子而言可以說是完全沒有，但對於女子，卻幾乎時時刻刻受它的支配。所以同是圓顱方趾，實則女子的生活，好比一座持平的天平，動不動就有無法維持平衡的危險——無論大腦也罷，或神經的全部也罷，或肌肉部分也罷，只要受到有分量的壓迫，就會容易比男子引起嚴重的紛亂。

上文所說有分量的壓迫倒不一定指不良的教育影響，但凡生活中過度用心或用力的事都可以算得上。這方面若還需要證據的話，我們只要舉一例就夠了。就是，女子性發育的中途停止和神經的衰弱委頓，以至於非長期休息不可的現象，在商店和工廠中是極普通的，她們中間往往有從未上過學的，但這類不幸的現象照樣可以發生。運動算是好事情，但若過火的話，影響也可以很壞，而過火的運動，因為以前婦女不太注意體育，物極必反，也是目前常有的事。騎腳踏車對於女子很有益，但以在騎的時候腹部不感覺疼痛或其他不舒適的人最為相宜。沃特金斯（Watkins）甚至說，對於骨盆不健全或不正常的女子，往往也有益處。但無論如何，過火了也有各種害處，最危險的是會陰部硬化，以致將來生產時發生困難，甚至非動手術不可。討論到這一層，我不妨隨便加一句，女子騎馬太多，也有同樣的危險。由此推而論之，凡屬有震動性的運動，對於女子大多可以產生危害，因為女子體內的子宮，是一件很細巧的器官，部位既不易持平，分量又時輕時重，偶有不慎，就會發生問題。凡屬劇烈的運動或競賽，如橄欖球之類，對於女子絕不相宜，這便是一個解釋了。瓦薩學院（Vassar College）的體育館主任白蘭亭女士（Miss H. Ballantine）某次寫信給湯瑪士教授（W. Thomas）說：「無論怎樣努力訓練，我不信女子在體育方面的成績有趕上男子的一天。」緊接著她又很有見解地加上一句話：「我也看不出來她們有什麼趕上的必要。」[082] 這話真對，我們從上文

082 見湯瑪士所著《性與社會》（*Sex and Society*）。

裡就可以看出來，不但沒有趕上的理由，並且有許多不必趕上的理由，尤其是她們準備有一天要做母親。我個人觀察所及，便看見許多強而有力、平日擅長戶外運動的女子，一到臨盆的時候，不但不比別的女子容易，反而比她們還要困難，甚至危及胎兒的生命。普遍我們認為講究體育的女子，生產應比較便捷，殊不知卻適得其反。有一次我和去世不久的恩格爾曼醫師（Engelmann）提到這一點，一則因為他是一名婦科專家，再則因為他平日主張婦女體育。他說他自己的觀察也是如此，同時英美兩國的體育老師也對他說過，在他們的學生中間，也往往有因運動過火而後來發生難產問題的。恩格爾曼醫師在信上答覆說：「『對於女子肌肉發達的不良影響』，我和你的見解恰好相同。劇烈的運動如各式田徑賽之類，及過火的體育訓練，無論這種訓練是自動的出於體育館中，或被動的出於工廠中，都可以使女子體格漸漸趨向男子的狀態。凡浸淫此種活動中的女子，在體質上也會潛移默化，漸和男子相似。最明顯的一點，是性慾力量的減少、生產困難的增加，最後要再加上生殖能力的降低。衛生習慣對於女子的體質，確有促進之功，但是近乎男性的肌肉發展，卻有殺伐之力，雖然我們也承認農工婦女的生產並不見得困難。我向來再三提倡的，只是女子體格的訓練，而並不是肌肉的鍛鍊，也許我說得太多，或者把訓練的重要說得太好，以致別人誤會。但在今日，各級學校以內的女子體育還不嫌過火，那些富有人家的女兒打高爾夫球打過火，或浸淫於各式的田徑運動而不知節制。我目前正蒐集一些新的資料，但就目前的資料而論，覺得你的見解極有根據，在我的腦海裡已經留下一個深刻的印象，不久我希望可以給它一個更詳細的解釋。」[083] 但這個解釋，或其他關於這一點的內容，我們始終沒有機會討論，因為不久之後，恩格爾曼醫師便去世了。

性教育與婦女婚姻的幸福

虛偽的傳統觀念，影響所及，不但使女子對於自身的關係，和對於同性的關係，見解上與感情上發生各種謬誤。同時，她婚姻中的幸福與一生，都要受到支配。一個天真爛漫的青年女子，一朝突然加入「終身不改」的婚姻生活，那危險真是大極了，她既不明白她丈夫的真

---

083 〈美國少女之健康〉（*The Health of the American Girl*），載在 1890 年《南方外科與婦科學會工作錄》（*Transactions of the Southern Surgical and Gynaecological Society*）中。

相，又絲毫不明白男女情愛的法則，她也完全不知道自己會發生什麼可能的變化，最可憐的是，她對於自己各種知識的缺乏，始終蒙在鼓裡，不識不知。好比一個人玩一種遊戲，還沒學會，就得出場比賽，那一敗塗地的結果便是毫無疑問了。女子不能先學養孩子而後嫁人，在她的天性沒有因婚姻而喚起以前，社會一定要她牢牢地和一個男子相依為命，這類盲人騎瞎馬、夜半臨深池的情形是多少不能避免的。一個青年女子對她的認知有自信，她依據了這種認知來安排她的未來，她終於結婚了。就在這種自動的情形之下，還有一大部分的女子，多則一年半載，少則一二星期以內，發現她以前對於自己和對於對方的認知完全錯了。她在自己身上發現了另一個自我，而這個自我，對於新婚未久的夫婿，卻是一眼也看不中的。這種不幸的、可能的遭遇，只有談過戀愛的女子才有相當迴避的能力。平日講究戀愛自由與選擇自由的女子還是不能避免。

先學著養孩子而後嫁人，雖然不太可能，我們無法自動地提供女子充分的保護，但至少有一種保護，是未來做新婦的人可以取得、最通俗的婚姻觀念。就是，我們認為一個女子在結婚之前，應該預先知道她和她的丈夫會在身體上發生什麼關係，並且應該正確地知道，以期不致引起精神上的打擊或事後失望與受騙的心理。對於兩性關係的真相，我們諱莫如深的心理已經改去不少，但在今日，所謂知識階級的女子，在結婚前夕，恐怕大多數還是莫名其妙，或一知半解，或暗中得知不足為據的資訊。一個富有才學的女子像亞當夫人（Madame Adam）說，她在未婚以前深信男子和她接過吻，她便非嫁給他不可，原來她認為接吻就是性結合最極致的表現[084]。亞當夫人猶且如此，其他人便可想而知了。有時候女子嫁了有同性戀愛傾向的女子，卻認為所嫁的是一名男子，而始終未能發現自己的錯誤。不久以前，美國便發生過這樣的一件案子：三名女子接連嫁給同一名女子，但三人之中，似乎誰都沒有發現她們的「丈夫」究屬是雌是雄。卡本特（Edward Carpenter）說：「一個在文明生活裡的女子，當她被牽到『神壇』前，對於即將舉行的儀式和儀式所蘊含的那濃厚的犧牲意義，往往不是很了解，或是完全誤解。」因為此種知識的缺乏與準備的缺乏，婚姻的行為實際上便無異強姦，並且我敢說，婚姻

084　以接吻為兩性極度結合的謬解，似乎在歐洲大陸上比較普通。法國小說家普利佛（Marcel Prevost）所作《女子的書信》（*Lettres de Femmes*），即拿它做題目之一。在奧地利，佛洛伊德也認為不能說不普遍，但僅僅限於女子之間。

以內的強姦比婚姻以外的還要來得多[085]。一個將嫁未嫁的女子，一心想著戀愛是一種怎樣甜蜜的經驗，但所謂甜蜜是什麼，她卻也很模糊，最多不過是所謂「浪漫的」親熱罷了。這種期望之外，又加上她在小說裡看來的那些私訂終生、落難、得償所願、團圓等千篇一律憑空捏造的故事，認為神仙眷侶的生活，應該就是如此。這種小說裡，因為傳統上虛偽的性觀念，又往往把健美的性事實，完全略過不提。瑟南古（Senancour）在他那本《戀愛論》（*De l'Amour*）裡描寫這種女子的心理，「她真是一派信賴的天真，一個缺乏經驗的人所有的慾望，一個新生命的各種需求，一個正直不私的心腸的期望，也都在那裡等候著。她有的是戀愛的各種能力，她一定要發送自己的愛。她有的是各種可以令人陶醉的媒介，她一定要接受別人的愛。一切都表現著愛，也都要求著愛。一雙手是生來預備做甜蜜的擁抱用的，一雙眼睛竟是幽深不可測度的東西，除非在盈盈脈脈之中，它會對人說，你的愛是可以被接受的；一個胸膛，要是沒有愛，便不會動，也沒有用，要是不受崇拜，也終必歸於凋謝。這些都是一個處女的情感，寬大得可以籠罩一切，柔和得

085 依英國舊時法律而論，強姦罪在丈夫對於妻子，是不可能的，可以參考的書很多，例如祁瑞的《婚姻法》（Nevill Geary, *The Law of Marriage*）。

可以融化一切，濃豔得蕩人心魄，是心坎裡出來的願望，是至情的豪放的流露！宇宙的法則既有那麼一條細膩的規矩要她遵循，她自然也只能遵循。至於那陶醉的部分，真正銷魂的部分，她也深刻地明白，一切都可以叫她聯想到它，白天時有感觸，夜間更夢寐以求，又有哪一個年青、敏慧、富有情愛的女子不準備著經歷呢？」這一番話固然寫得很美，但真正的愛 —— 這幕喜劇在她面前展開的時候，尤其是當她忽然驚覺在那「陶醉與銷魂的部分」裡，她應該扮演什麼角色的時候，形勢往往會突然變更，而喜劇竟不免化為悲劇！她發現自己對於這部分竟全無準備，於是驚惶失措，在心理引起嚴重的變化來。在這種情形之下，她一生的幸福已不絕若線，那一線就是丈夫的應付能力與體貼，以及她自己的心神安定了。赫希菲爾德（Hirschfeld）在他的作品裡記載著一件事：一個十七歲天真爛漫的少女出嫁，結婚當晚，便拒絕與新郎同房。新郎無法接受，便請求丈母娘把結婚以後應履行的「婦道」向新娘解釋一番。解釋了之後，新娘對她的母親說：「要是婦道是這樣的，你做母親的事前為何不告訴我？要是我早知道這一點，我就打算終身不嫁人。」後來發現這個少女是一名同性戀者，對於異性戀是不可能的。但她的母親和丈夫都不明白這一點。丈夫非常愛她，守了她八年，要她回心轉意，卻是徒然，後來終於分居了[086]。這雖然是一個極端的例子，不足以代表一般的狀況，但在婚姻的佳期裡，下面兩種情形是一定時常發生的：一是同性戀者突然發現她們自己的特性；二是發育與性傾向很健全的女子，因為事前毫無準備，以致驚惶失措，使早年幽美的愛的「詩境」未能如春雲一般逐漸展開，而演成更加健美的「實境」。婚姻原是進入實境必經的步驟，但在實境中腳還沒有踏穩，一個筋斗便把詩境跌成落花流水的女子，必定大有人在。

性衛生的演講

在青春期以前，性教育的開始似乎應當是母親——或有母親責任的人——獨有的特權。學校中的動植物

086　此例見赫希菲爾德所編的《性的間性現象的年鑑》（*Jahrbuch für Sexuelle Zwischenstufen*），1903 年。在這裡我們不妨補一筆，對性交的恐怖心理未必一定是教育不良的結果，不健全與退化的遺傳也未始不是一個原因，有此種遺傳的家族，表現此種或類似的變態心理的人往往不止一代，也不止一人。此種變態的心理或行為叫做「功能的性痿」（functional impotence）。1906 年義大利的精神病學研究存卷（*Archivio di psichiatria*）第六冊即載有一例。一個義大利的女子，年 21，已婚，除性慾外，一切都健全，對丈夫的感情也很好。但後來還是解除婚姻關係，理由是因為她「患上初期的性慾的或情緒的誇大症」，故雖有健全的性器官，終不免因極端倔強與反抗的變態性格，釀成了精神上的功能痿廢。

學當然也可以供給一些關於科學方面的知識，但那是例外。到了青春期，或許母親所能或所肯傳授的不夠了，兒童的一般知識既增多，他們所需要的性知識需要更精確、更有權威才行。在這時候，母親應當把流行的關於性教育的書籍介紹給他們，讓他們對於性生活的生理、衛生、道德等等方面，可以有更清楚的了解。到這時候，我們料想，他們對於胎產的道理、嬰兒從哪裡來，以及父親對於這些究竟有什麼貢獻等等，已經有了相當的認知。所以無論介紹什麼書籍，這書籍中對於性交的一點，需要有相當的敘述，短一些不妨，但總要說得清楚，含混是不行的。對於主要的自我戀的各種現象[087]，也該論到，字裡行間雖不能不存勸戒之意，卻不宜故作驚人之筆；所謂自我戀的現象既不止一種，所以也就不該專就手淫或非法出精立論。把這樣選擇得當的書介紹給他們以後，便讓他們自己去閱讀，絕不會出什麼問題。這樣一兩本書，不但可以代替母親所教給他們的，也無異上了幾堂性教育的課，或和醫師談了一陣子的話。兒童在這時候也許正在學校裡聽這種課程，將來長大，也會有向醫生諮詢的機會，有了這本書的準備，就

087　同本書「性衝動的早熟表現」一節注1。

不難互相參證了。有人認為這辦法不妥當，因為兒童不免利用書中的資料，胡思亂想起來，因而有一種不正當的心神上的愉快。是很有可能。男女兒童，要是從小從未有過性的教誨，所聞所見，無非是一些虛偽的、掩飾的暗示，那麼，一朝有機可乘，可以滿足他們自然而久經抑制的好奇心理，他們的想入非非、不能自制，當然是免不了的。但是對於教養得很自然、發育得很健全的女童，這種危險絕不會發生。至於青春期過了之後，青年已漸入成年時期，則目前很通行 —— 尤其是在德國 —— 的演講與個人談話的方法就很適用。演講與主持談話的人應該是一個特地挑選出來的教師、醫生或其他有資格、有特殊準備的人。

霍爾一面既主張傳授性教育時，男童應該由父親教，女童應該由母親教，一面又接著說：「也許在將來，這種性的啟蒙，會變成一種藝術，像原始民族裡所履行的笄冠儀式一般，到那時候便有專家指導我們，教我們在各式各樣的特殊情形之下，就各種年齡不同品性、不同的青年，可以放手去做，盡我們誘導之責。同時也教我們認識，在這種責任前面，我們不但不應該覺得一籌莫展，左右為難，甚至自暴自棄，並且要明白在這時候教導青年，用這主題教導青年，是教育學最至高無上的一個開宗明義的機會，教育之所以能感化人，也在這些地方最可以看出來。同時也要知道對於宗教的教師這也是一個最大的機緣，因為性的發育與宗教性的發展有連帶關係。」[088] 這位著名的教育家又說：「我在威廉斯學院（Williams College）、哈佛大學、約翰霍普金斯大學（Johns Hopkins University）和克拉克大學（Clark University），先後曾在我所主持的一系課程裡向學生們講解這個題目，講解以簡潔明了為主，越是在群眾面前講，越要言簡意賅，有必要時，也偶有私人談話，則可以比較詳細。我生平對於學生們的貢獻，比較有益的，自問這算是第一件事。我始終認為這是我應盡的責任，但我也承認是一種痛苦的責任，這並不容易負擔，一則要隨機應變，再則要有相當無所畏懼的常識，至於專門的知識，倒在其次。」[089]

普通的男女教師，對於性衛生知識的傳授，在能力上是很欠缺的；這是誰都知道的一點，無須多贅。唯其如此，所以教師的訓練是目前當務之急，即使教師們不

---

088 《成年》（*Adolescence*）。

089 《成年》（*Adolescence*）。

能一一受這種訓練，至少有一部分萬不可少。在德國，這種訓練工作已經有了一個開端，就是集合許多教師，向他們舉行多次的演講，主題自然是性的衛生。最先嘗試這個辦法的地方是樂斯拉夫（Breslau），該地的教育當局請一位醫師叫做旭村（Dr. Martin Chotzen），向當地150個教師舉行了這樣的演講，聽眾都表現出十分的興趣。演講的內容包括下列幾方面：性器官的形態與解剖、性本能的發展、性能的重要變態、各種性病和培養節制力的重要[090]。醫師路透（Dr. Fritz Reuther）也曾經把他其中一場教師研習會的演講內容發表出來，他所講的內容和旭村的沒有多大分別。

記得1900年間，有一個德育促進的團體，向柏林市政府提議舉辦一場演講，利用各學校的部分課堂，向市區中高年級的學生講解性衛生，起初市政府答應了，但後來又把許可證收回，理由是「這種演講對於青年人的道德觀念是極端危險的」。法國的市政當局，在相同的情形之下，也表示過同樣的態度。但無論如何，德國的輿論近年來已日趨開明。英國方面的進步，雖不多或幾乎沒有，但美國則和德國一樣，也已經開始這一類的工

090　同本書「性衝動的早熟表現」一節注11所引刊物。

作，例如芝加哥的社會衛生促進會（Chicago Society for Social Hygiene），便是提倡此種工作最有力的一個團體。到此，不能不向那些反對性教育的人特別說一句話：要知在大城市裡反對性教育的宣傳，便無異等於和當地各種淫惡與不道德的勢力攜手，而狼狽為奸，說得厲害一些，其罪應與那些陷入淫行的人同等。

在德國，上面所提的演講有時也專為女子而設，無論貧富，凡是將近畢業的青年女子都有機會在這方面受益。有人認為貧苦的女子生活比較自然，無須這種演講，其實不然，她們的需求並不比富有女子小，在有的地方需求更是急迫。例如有一位海德漢醫師（Dr. A. Heidenhain）就編印過一種演講稿，稿末又附有解剖的圖案[091]，他把稿子的內容向即將畢業的女學生演講，演講以後又發送原稿給她們。法人薩爾伐（Salvat）在他的里昂大學的博士論文[092]裡，主張此種演講中應包括妊娠期裡的衛生與嬰孩的養護兩部分的知識。但據我的意見，此種知識，在這時期裡，還嫌略早，不妨留待將來。

---

091 演講錄名《民眾學校卒業女生之性的教育》（*Sexuelle Belehrung der aus den Volksschule entlassenen Mädchen*），1907 年出版。

092 《法國人口的減退》（*La Dépopulation de la France*），1903 年出版。

文學的性的影響

理智方面的誘導，也就是大腦方面的誘導，普遍是假手於文學讀物。所以文學讀物在性教育方面的影響之深且大，要遠在那些專論性衛生的書籍之上；性衛生的書，無論寫得怎樣好，只能就狹窄的性的範圍說話，而顧不到性和其他生活方面的錯綜複雜的地方。但是文學讀物裡，大部分穿插著一些戀愛或自我戀[093]的意識和描寫，而那些富於想像力的文學作品，又幾乎全部以性做出發點，而以一種無美不臻的理想極樂世界為歸宿。但丁的《神曲》便是這樣的個例，它所敘述的是詩人自身生命的發展，富有代表性，可以永垂不朽。成長中的青年，在他和戀愛發生接觸以前，會先和想像的戀愛的詩境發生一些關係，所以貝格（Leo Berg）說得好：「凡是已經開化的民族，他的戀愛途徑需先穿過想像的境界。」所以，對於在成年期內的人，一切文學的讀物便成為性教育的一部分[094]。文學讀物多至汗牛充棟，其中很大方、

093　同本書「性衝動的早熟表現」一節注 1。

094　詩與美術對於性慾的密切關係，即使是生活中自戀的憧憬還沒有發展到很廣大境界的人，也大概有片段的認識。梅契尼可夫在他的《樂觀文集》（Metchnikoff, *Essais Optimistes*）也說：「詩是必然和性的作用有連帶關係」；他同時又引莫比烏斯（Möbius）的說法，而加以讚許，認為「藝術的旨趣也許必看做第二性徵的一部分」（按此說莫比烏斯以前，已經有許多人說過，

很能感化人的也不少，要使青年男女得到閱讀的益處，一部分需仰仗擔負教育之責的人的眼光與選擇。我說一部分，因為要是全部得仰仗他們的話，也有危險。

一切偉大的文學作品，對於性的中心事實，總是很坦白、很平心靜氣地說出來。在這個偽善的、假斯文的時代裡，這是應該牢牢記住而引以為戒的一點。對於這種健全的時代所遺留下來的作品，在不健全的時代裡的人雖想隨心所欲地把它施宮刑一般的改竄割裂，或把它禁錮起來，使青年人無從問津，在事實上也很難做到。這也是使我們躊躇滿志的一點。例如《聖經》一書，或莎士比亞的作品，雖含有大量的性成分，卻歷來始終受宗教與文學的傳統思想所擁護。有一位時常和我通信的文學界讀者，有一次在信裡說：「童年的時代，從《舊約全書》裡獲得性觀念的男女，真是多極了，所以我們要是把《舊約全書》當作一本性愛的教科書，也沒有什麼不可以。和我接談過的許多男女朋友，大多數人都說《舊約全書》中摩西五書、暗嫩與她瑪的故事，羅得和他的女兒的故事，波提乏的妻子和約瑟的故事[095]等等，都可以

例如弗瑞羅 Ferrero）。

095 暗嫩強姦其妹她瑪，見《撒母耳記》下，第十三章。羅得之二女與其父淫，見《創世記》，第十九章。波提乏之妻誘姦約瑟未成，見《創世記》，第

引起他們的好奇心和各種遐想，因而悟到性交的關係。我又有兩個男女朋友，現在都三十多的人了，但在十五歲的時候，每逢星期日到主日學校查經，他們就一心一意檢查《聖經》中講性愛的段落，查到以後，就在同班中彼此傳閱，同時還把指頭按在那段落上，使別人易於閱讀。」在同樣的好奇心之下，許多青年女子往往向人借閱莎士比亞的故事集，但是她們所注意的並不在故事本身，而在《愛神與亞都尼司》（*Venus and Adonis*）中熱烈的愛情詩境。

但我們不妨說，要把《聖經》做一種性教育的入門作品，卻也不是各方面都相宜。雖不完全相宜，卻也有利無害。如論瑪利亞因聖靈感孕而生耶穌，又如論多妻、納妾和其他性的習慣，都能以自然的筆墨，不加絲毫矯飾，在習於有名無實的一夫一妻等制度的西洋青年看去，也大有擴大眼界的功效，讓他們知道西洋世俗所流行的性的習慣未必是亙古不變、通達四海而皆準的東西。至於筆墨的坦白與率直，也和世俗粉飾隱諱的態度，全然不同，自然也可以刷新青年的耳目。

世人往往把坦白率直的筆墨或所謂赤裸裸的筆墨，

三十九章。——譯者

和不道德與淫穢的筆墨混為一談，不但不學無術的人如此，就是在知識階級裡也在所不免。這是我們要再三抗議的一點。記得十九世紀英國上議院對於拜倫的雕像是否占西敏寺（Westminster Abbey）的一角，有過一次討論，當時有一位布羅漢姆勛爵（Lord Brougham）替拜倫辯護，因而牽涉到莎士比亞，他認為「莎士比亞並不比拜倫更尊重道德。莎士比亞實在比拜倫還不道德。」這位勛爵說他可以在莎士比亞的作品裡，單單舉出一節來，其中淫穢的章節，要遠出拜倫全部作品所能供給之上。所以這位勛爵的結論是，一樣是作家，拜倫的道德與莎翁的不道德，其間不可以道理計。把此種議論推到一個邏輯的終點，世間的筆墨，豈不是沒有不淫穢的？但說也奇怪，當時便沒有人把他這種鄙陋的思想上的混亂指出來。

偉大的文學作品，因為率直坦白，對於青年的心理，有時候也有很不適宜的地方。青年乍見這類的作品，不免好奇過甚，因而發生不健全的反應。但要知道這種過度的好奇心並不是憑空而來，乃是因為歷來關心他的教育的人，對於這類主題太過神祕的緣故。你越是遮掩，他越是好奇，這是必然的趨勢。同時我們也該知道，大作家關於天然事實的敘述，從不輕佻，並且要是一個青年發育健全的話，也絕不會喚起性的衝動。有一位女作家說她小的時候喜歡看《舊約全書》中有歷史意味的各書，遇到涉及性的段落的時候，她也照常看下去，她腦海裡的想像並不因此而起絲毫的微波暗浪。我認為這一類健全的經驗，是大多數的兒童都可以有的。所以我認為古書中這一類的段落盡可任其自然，不應妄加割裂。雖沒有多大積極的好處，至少對於坊間流行的那些低級趣味的性的讀物，可以有些抵銷的影響。

這種見解原不是我們的創見。1907 年，德國性病預防會（Gesellschaft zur Bekämpfung der Geschlechtskrankheiten）舉行第三次大會的時候，一般提倡性教育的都是這樣的主張。例如小學校校長恩德霖（Enderlin），便竭力反對把兒童用的詩詞與民間故事任意竄改，使他們對於純潔的性的表現與高尚的情愛的流露，得不到一個最溫良蘊藉的引進，而同時我們對於坊間的低級趣味的刊物與報紙，卻任它風行無阻，隨時隨地可以把兒童天真的心摧殘毀滅。恩德霖表示：「要知若是兒童的年紀還小，對於涉及性愛的詩詞還不能有相當的反應，也就是還不能了解，那麼，這種詩詞根本就不會有什麼壞處。一旦他們的年紀到了可以了解的程度，那麼，所有的影響應該只有好而無壞，因為他們從此可以領略什麼是人類的情緒所能發展的最高尚、最純潔的路徑」[096]。謝芬那格教授（Schäfenacker）也發表過同樣的意見，說：「那些眼光淺近、心地狹窄的教師往往喜歡把書中涉及性的部分，任意刪節，認為這對青年有害 —— 這種風氣絕對該剷除。」[097] 我們也認為每一個發育健全的男童或女童，一到青春期的年齡，便不妨讓他在任何像樣一些的圖書館裡自由瀏覽，無論館中藏書的內容如何複雜，總是有益而無害的。他們在選擇讀物的時候不但用不著大人的指導，反而比大人要顯得更有眼光。在這個年齡，他們的情緒好比植物初茁的芽，異常嬌嫩，所以遇到過於寫實的東西、醜的東西、有病態的東西，他們自然會擱置一邊。成年以後，閱歷較多，心理的生活比較老練，那時再遇見這一類的刺激，他們就能很自然地接受，而不再迴避了。

愛倫凱在她那本《兒童的世紀》（*The Century of the Child*）裡提出了好幾個理由，反對替兒童選擇所謂「適

096　同本書「母親的導師資格」一節注 7 所引書。
097　同本書「母親的導師資格」一節注 7 所引書。

當」的讀物。她認為這是近代新式教育裡一種很蠢的舉動。兒童應當有領略一切偉大的文學作品的自由，至於那些程度還不及的讀物，他自然會放下不讀。凡是可以使成年人看了動情的景物，他並不理會，他冷靜的心並不因此而不安。後來年紀較大，那足以混淆黑白、因而汙損他的想像、破壞他的鑑別力的東西，倒也並不是偉大文學作品的赤裸筆墨，而是近代小說中那種矯揉造作的文字。矯揉造作了，便不坦白，不坦白便無異隱諱，而隱諱的結果，就是使青年的心越來越走入歧途，越來越鄙陋粗率，終究會達到一個程度，連《聖經》也會變為打動情慾的刺激物。古今大作家的筆墨，原是兒童的一種糧食，一有缺乏，他的想像力便無從發展，即使其中有涉及性愛的部分，可以打動他的情感，那部分也是很短促的，絕不會引起什麼性衝動。愛倫凱又說，一個人年紀越大，和偉大的文學作品接觸的機會便越少，所以在兒童時期，尤其應當讓他們有閱讀的自由。許多年以前，露斯金（Ruskin）在他那本《芝麻和百合》（*Sesame and Lilies*）裡，很有力地主張我們應該讓青年子女在圖書館裡自由涉獵。

藝術的性的影響

上文所說關於文學的各種，也都適用於藝術。藝術和文學一樣，可以間接做性教育與性衛生工作的一個有價值的助手。用這種的眼光來看，我們不妨把近代的藝術擱置不提，因為它並沒有多大幫助，但是古希臘的裸體雕塑，以及文藝復興時代義大利名家的裸體畫像，在這方面就有很大的貢獻。所以我們要讓兒童們很早就有觀摩這些塑像和畫像的機會，並且越早越好。恩德霖比喻得好，觀摩得越早，兒童越可以養成一種抵抗力，將來可以不受低級趣味的裸體作品的誘惑。此種早年的觀摩還有一種好處，就是使兒童對於自然的純潔，早早就養成一個正確的觀念。許雷（Höller）有一次說：「凡是對於藝術中的裸展現象已經有了素養、而能夠冷靜地欣賞的人，他對於自然界裡的裸展現象，一定也能同樣地欣賞。」

根據上文的理論，我們認為希臘羅馬的塑像石膏，以及義大利名畫家的裸體畫作，都可以用作教室的點綴品。這種點綴的用意倒不在於狹義的教育，而在於使兒童們可以耳濡目染、於不知不覺間對於人體養成一個正確與自然的觀念。義大利的小學老師，聽說時常帶全班的學生到畫廊裡參觀，結果很好，又聽說這種參觀是國家規定的教育的一部分。

藝術上裸體的美，是誰都應該能領略的。可惜這種領略的能力太不普遍。許多國家，和許多階級的人士，對於這種能力沒有什麼訓練。因為沒有訓練，所以在英美社會裡，為了在美術館裡陳列石像，或商店的櫥窗裡放張名畫的複製畫，例如雷頓的〈出浴的普賽克〉（Leighton, *Bath of Psyche*），或街道兩旁新添了幾個代表各種美德的雕塑像，便有人結隊遊行，向市政府請願，不達撤去的目的不止。市上的民眾，在這方面既同樣的沒有訓練，所以一經人家鼓吹，就隨聲附和。結果，那些偽善的、以風化為壞的人竟如願以償。這種舉動，對於社會真正的道德生活，實在是不利的。就算用宗教的眼光來看，這種過分的所謂整頓風化的干涉行為也說不過去。諾特科特（H. Northcote）曾經從基督教的立場，對於藝術上的裸展現象，有過很有見解、也很和平中立的討論。他認為藝術中的裸展現象自有它的價值，不應不分青紅皂白地排斥。他又指示給大家看，裸體和性愛並沒有不可分離的關係，即使有時候有關係而引起反應，那種反應，正是藝術最良好也最純潔的表現所能激發的感情，是非常正當的，不必隱諱。我們要反對性愛的藝術作品的話，《聖經》上的許多故事，便無法充分地傳達出來[098]。

除了藝術上的裸展現象以外，到了青春期的青年男女也應當有觀摩健美的人體相片的機會——二者應該相輔而行。以前此種相片或包含此種相片而可以使少年人觀覽的書，是不容易找到的，現在這種困難已不復存在。海牙的施特拉茨博士（Dr. C. H. Stratz）是這方面的一位先進，他精造了許多健美貞潔的裸體相片，編成了好幾本書[099]。美國華盛頓的舒菲爾特醫師（Dr. Shufeldt）也編印一本書，叫做《人體形態觀摩錄》（*Studies of the Human Form*），把他多年關於裸展現象的研究結果，歸納在一起，那種客觀的精神和施特拉茨的一致[100]。對於這種人體的照相研究，我們在此有一點小小的糾正。以前的名塑名畫，或因時代的風尚，或因世俗的偽善，往往未必把人體的廬山真面和盤托出，而近代的裸體照相竟也承襲此風。這實在大可不必，因偽善而有所保留，

098 《基督教與性問題》（*Christianity and Sex Problems*）。

099 其中尤為《兒童之身體》、《女體美》、《女性的種族美》三種（*Der Körper des Kindes, Die Schönheit des Weiblichen Körpers, Die Rassenschoenheit des Weibes*），概為司徒加特之恩克公司（Enke, Stuttgart）出版。

100 舒菲爾特此書成後，即獻給施特拉茨，以示景仰先進之意。

本屬不可；而所謂時代的風尚，則事隔已一兩千年，更無盲從的必要。例如以前裸體畫像不畫陰毛，這也許是偽善的結果，但東方社會裡，即在今日，也有拔除陰毛的習慣，古代的藝術區域逼近東方，難免不受相當影響，而逐漸成為一種藝術的習慣，這原是無可厚非的。但時至今日，再維持這種習慣，那就太不自然，太不合理了。然而說也奇怪，即在今日也還有人替此種習慣辯護。哈里森（F. Harrison）在一篇雜誌[101]文章裡說：「我們有一樁極古老、極必須、極普遍的習慣，要是我們故意把它破壞的話，我們可以叫極不正經的人青筋暴漲，叫女子立刻退避三舍。」[102]要是男女兒童從小對於裸體的相片已司空見慣的話，這一類可以令人作三日嘔的臭文章也就沒有人寫了。

在我們西方人中間，兒童對於裸展現象的單純態度，很早就受打擊，所以到了後來要加以挽救，勢必得花一些功夫不可，否則他或許終身把「性」和「淫」混為一談。對於一個趕牛的農夫或一個鄉下少女，一切裸體

101　見 1907 年之《十九世紀與以後》（*Nineteenth Century and After*）。

102　此所云習慣，是指造像者於男子陰部必做一桐葉，認為隱蔽。嘗見巴黎某幽默雜誌載畫一幅，所示一新成之石像，方將揭幕之際，雕塑師自遠處狂奔而來，手持一大桐葉，向壇上大呼曰：「且慢揭幕，余忘卻最重要之一事矣！」——譯者

的現象都是可恥的，連希臘的塑像也不例外。一個鄉下人見了一張極健美的裸體女子的相片，便指著它說：「我有一張女人的相片，和她很像，還抽著香菸咧。」歐洲北部諸國的民眾，在這方面的辨別力，至今還沒有超過這一個境界。什麼是美，什麼是淫，他們的了解還比不上農夫和鄉下少女。

性的道德
Sexual Morality

譯序

譯了《性的教育》以後，進而譯靄理士的《性道德論》，似乎是很合情理的，性教育的效果所及，以個人方面為多，性道德的，則以社會方面為大。性教育是比較現實的，性道德是比較理想的。由個人推至社會，由現在推至未來，所以說很合情理。

靄理士的《性道德論》，有五根柱石：

1. 婚姻自由
2. 女子經濟獨立
3. 不生育的性結合與社會無關
4. 女子性責任自負自決
5. 性道德的最後對象是子女

這五根柱石的實質與形式，具詳本文，無須重複介紹。不過它們的價值，不妨在此估量一下。

婚姻自由

婚姻自由的理論，我想誰都不會持異議。不過有兩點應該注意。西洋的婚姻制度，歷來受兩種勢力束縛，一是宗教，二是法律，法律的部分又是從宗教來，所以束縛的力量分外得大。唯其如此，靄理士在這方面的議論，便特別多，因為西洋人對於性的現象從根本認為齷齪的緣故，他就不能不先做清道夫的工作。這是一點。靄理士這裡所稱的自由，似乎目的在取消宗教、法律與其他外來的束縛，是很消極的；至於怎樣積極地運用自由，使婚姻生活的效果對於個人、對於社會，以至於對種族，可以更加美滿，靄理士卻沒有討論到。而所謂「積極地運用」裡面，往往自身就包含相當客觀條件的節制，這一層靄理士也沒有理會。自由應該受客觀條件的範圍限制，否則便等於自放，等於「盲人騎瞎馬、夜半臨深池」，沒有不遭滅頂的慘禍。靄理士在下文說：「往往很有經驗的男子，在選擇女子做妻子的時候，便會手不應心、身不由己起來。他最後挑選到的結果未始不是一個很有才貌的女子，但是和他的最初的期望相較，也許會南轅北轍。這真是一件奇事，並且是萬古常新的奇事。」靄理士寫這幾句的時候，或許精神分析派的心理學說還不太流行，從這一派學說看來，這種手不應心的婚姻選擇實在不是一件奇事，並且只要當事人在事前稍稍受一些別人的指導，即稍稍受一些客觀條件的限制，而不完全訴諸自由行動，它就不會發生，這是第二點。

女子經濟獨立

女子經濟應否獨立的問題，到現在可以說是已經解決了，但獨立到何種程度，和男子比較起來，是不是完全相等，還始終是一個懸案。靄理士在這一方面的議論，和他在別的方面一樣，是很周到的。在原則方面，他不但完全承認，並且把它認為講求性道德的第一個先決條件。不過在實際層面上，他也認為有很大的困難。靄理士寫這篇文字時，原是西方女權運動最熱烈的時候，但是熱烈的空氣並沒有矇蔽他的視線，別人也許忙著鼓吹極端的男女平等論，心切於求、目眩於視地把男女生理作用的區別完全擱置一邊，認為無關宏旨，但是靄理士沒有。他說：「但上文還不過是一面的理論。女子加入工業生活，並且加入後所處的環境又和男子大同小異，這其間無疑引起了另一嚴重的問題。文化上，傾向要教女子經濟獨立，也要教她負道德的責任，是沒有問題的。但是不是男子所有的職業以及各種業餘職務，女子都需要參加，而後不但女子自身可得充分發展之益，而社會亦可收十足生產之功，我們卻還不能絕對地看清楚。但有兩件事實很清楚。第一，社會現有的各種職業與業餘職務一向為男子所擅長，則可知它們的內容和設備的發展是在以男子的體格與興趣做參考，而與女子不太相謀。第二，種族綿延的任務與這種任務所喚起的性作用，在女子方面所要求的時間與精力，不知要比男子大上多少。有此兩點的限制，至少我們可以了解，女子之於工業生活，絕不能像男子可以全神貫注，而無遺憾。」

不能無遺憾的話是對的，二十幾年前，靄理士寫這篇文章的時候，這種遺憾還不很明顯，但男女職業平等的試驗又加上二十多年的經驗之後，這種遺憾已變為切膚的痛苦。英人布斯（Meyrick Booth）在他的《婦女與社會》（*Woman and Society*）一書裡，在這方面討論得最精要。靄理士那時候，因為情形還不嚴重，但在我們看來，認為它的重要並不在其他段落之下。

我認為時至今日，我們對於女子職業自由與經濟獨立的問題，已經可以有一個比較圓滿的解決辦法。在原則下它是毫無疑問，上文早就說過。就實際而論，我們折衷近年來一部分人的見解，認為有幾種辦法值得提出來。一、就健全的女子而言，我們須承認生育是她們一生最主要的任務，不論為她們自身的健康，或為種族的發展，這任務都是絕對少不了的。至少就她們說 —— 不就她們說，又就誰說——職業的活動與經濟的生產只需看做一件附屬的任務，一件行有餘力方才從事的任務。由這看法，便產生下列的一些辦法。無論一個女子將來從事職業與否，她應該準備一種職業，應該培養一種經濟生產的能力。寧願她備而不用，卻不能不備。在她受教育的時期裡，除了普通的教育以外，一切職業訓練的機會也應當為她開著，就是那些平日專為男子而設的，也不應稍存歧視的態度，目的是讓她們就本身的性情，而有選擇的自由。同時我們當然不希望極端的女權運動者出來吹打鼓噪，因為這種吹打鼓噪也未始不是自由選擇的一個障礙。有了職業與經濟獨立的準備，用也行，不用也行。要用的活，我們認為不妨採取兩種方式的任一種：一是直接適用上文所提，一個精力特強的女子，可於生育與教養子女之外，同時經營一種或一種以上的事業，但要以不妨礙子女的養育為限；二是精力尋常或同時不能兼顧兩種工作的女子，便不妨採取羅素夫人所提的分期辦法，也就是說，在結婚最初十年間或十五年作為養育子女的時期，過此便是從事職業的時期。這兩種辦法，我認為都很妥當。這兩種辦法又可以併作一說，就是上文所說，起初養育子女的工作為主要，後來子女漸長，不妨變為次要，到了子女都能進學校之後，職業的活動即為主要，亦無不可。

不生育的性結合與社會無關

靄理士主張凡是不生育的性行為、性結合，與社會無關，社會不當顧問。這個主張可以說是富有革命性的。西洋社會對於這種主張，到現在還是反對的多，贊成的少。在贊成的少數人中間，在美國我們可以舉一個做過三十年少年法庭的法官林哉（B. B. Lindsey）為例。在英國，則有哲學家羅素。他根據了三十年間應付青年性問題的經驗，寫了一本《現代青年的反抗》（*The Revolt of Modern Youth,* 1925），所謂反抗，十之八九是對於舊的性道德觀念的反抗，對不合情理的宗教、法律與社會制裁的反抗。全書的理論與所舉的實例，幾乎全部可以做靄理士的「婚姻自由論」的注腳。林哉後來又發表一本《伴侶婚姻》（*Companionate Marriage,* 1927）。要是《反抗》一書所敘的是問題，這本書所要貢獻的便是問題的解決方法了。這方法很簡單，就是：男女以伴侶方式的結合開始，一旦有了子女，才成為正常的婚姻，在沒有子女以前，雙方離合，可不受任何限制。所謂伴侶的方式，就是可以有性交的關係，而子女來到的遲早則參考經濟和其他的環境情況，運用生育節制的方法，而加以自覺地決定。這種見解，可以說是完全脫胎於靄理士的學說。羅素的見解則詳閱他的《婚姻與道德》（*Marriage and Morals,* 1929）一書，大體上和林哉的沒有分別。

至於反面的論調，我們可以舉馬戈爾德（C. W. Margold）做代表。他寫了一本專書，叫做《性自由與社會制裁》（*Sex Freedom and Social Control,* 1926）。馬戈爾德認為人類一切行為都跟社會有關係，性行為尤其不能做例外，先不問此種行為的目的在不在於生產子女。他認為靄理士在性心理學方面，雖有極大的貢獻，但因為他太側重生物自然與個人自由，對於社會心理與社會制裁等類的問題，平日太少注意，所以才有這種偏激的主張。這是馬戈爾德的駁論大意。他還舉了不少從野蠻、半開化，以及開化的民族的各種經驗為例，以示社會制裁的無微不入、無遠弗屆。

對於這個問題，我很想做一個詳細一點的討論，並且很想貢獻一種平議，但現在還非其時。不過這平議的大旨是不妨先在這裡提出的。靄理士因為看重個人自由，所以把性道德建築在個人責任心的基石之上，因為看重生物的事實，所以主張自然衝動的舒展，主張讓它們自動地調節，而自歸於平衡。自然的衝動既然有這種不抑則不揚、不壓迫則不潰決的趨勢，那麼，只要再加上一些個人意志上的努力，即加上一些責任心的培養，一種良好的性道德的局面是不難產生與維持的。這種見解，我認為大體上雖可以接受，卻有兩個限制。一是靄理士所假定的對象是離自然未遠的身心十分健全的人，這種人在所謂文明的社會裡似乎不多。他們自然衝動的表現，不是不夠，就是過火，而能因調劑有方而有節度的，實在並不多見。第二個限制是責任心的產生似乎也不是一件輕而易舉的事，而究竟應該用什麼方法來培養它，靄理士也並沒有告訴我們。要是馬戈爾德和其他特別看重社會制裁的人，他們的錯誤是過於側重外力的扶持，靄理士的錯誤就在於太責成個人，而同時對於個人自己制裁的能力，並沒有給我們一個保障。

性道德應以社會為歸宿，是不錯的，應以個人的自我制裁做出發點，也是不錯的。制裁需靠責任心的培養，也是一個不可避免的結論。但制裁與責任心的養成，一面靠個人的身心健康，一面也不能完全不仰仗外力的扶持。但這點靄理士卻沒有完全顧到。但所謂外力，我認為並不是一個時代下的社會輿論，更不是左鄰右舍的冷譏熱笑，而是歷史相傳文化的經驗。這又是馬戈爾德的觀察所未能周全的地方。以前儒家講求應付情慾的方法，最重一個分寸的節字（後世守節的節字已完全失去本意），所謂「發乎情，止乎禮義」，便是這節字的注腳。這和西洋的宗教人士不同，並不禁止個人情慾的發動，和西洋的自然主義者也不同，並不要求他發動到推車撞壁的地步，但盼望他要有節度、適可而止，止乎禮義的義字便等於宜字，等於適可而止。這適可的程度當然要依情勢而定。夫婦之間的性生活的適可程度是一種，男女朋友之間的當然又是一種。張三看見朋友李四的妻子，年輕、美貌、人品端莊，便不由得怦然心動，不免有「恨不相逢未嫁時」之感。這就叫做「發乎情」，情之既發，要叫它立刻抑制下去，事實上當然不能，理論上也大可不必，要讓它完全跟著衝動走，絲毫不加攔阻，勢必引起許多別的問題。所以張三要是真懂得情理的話，就應當自我節制，他可以更加敬愛李四妻子，提高他和他們的友誼關係，而不再有「非分」之想，那「非分」的「分」就是「分寸」的「分」，這就叫做「止乎禮義」。發乎情是自然的傾向，止乎義也未始不是，不過是加上文化經驗的火候罷了。「發乎情，止乎禮義」七個字，便是一種文化的經驗，誰都可以取來用，來培養他的自我制裁的能力，來訓練他對人對己的責任心腸。

這樣一說，不以生育為目的的性關係究竟是社會的還是私人的，也就不成為性道德問題的癥結，問題的癥結在於大家能不能實踐「發情止義」的原則。西洋社會思想的系統中間，有一套拆不穿的「群己權界」的議論，任何道德問題，說來說去，最後總會掉進這權界論的舊轍，再也爬不出來。但我們是可以避免的。我們只知道這種行為不但不關社會的事，更不關旁人的事，而完全是我個人操守問題，而這種操守的準繩，既不是社會的毀譽，鬼神的喜怒、宗教的信條、法律的禁例，而是前人經驗所告誡的一些中和的常道，中和的常道之一就是「發乎情，止乎禮義」。靄理士曾說：「我們不會對不起道德，我們只會對不起自己」，發乎情而不能止乎禮義，所對不起的不是禮義，不是道德，不是社會，而是自己。

女子性責任自負自決

關於第四根柱石 —— 女子性責任的自負自決 —— 不比前面的柱石，我想誰都會認為這是毫無疑問的。性責自負，當然和經濟獨立的條件，有密切的關係。靄理士的理想，大約假定能夠實行新性道德的社會，也就是所有的健全婦女經濟上能夠自給的社會。對於這一點，我們在上文已經略有修正，到此我們更不妨進一步地假定，認為所謂經濟獨立不一定要完全實在的。在教養子女之餘，或教養子女之後，投入職業的女子，當然有實際意義上的獨立，不過在沒有餘力投入工作的女子，或平日有此餘力而適逢分娩的時期以致不能工作的女子，我們始終得承認她們有與經濟獨立等同價值的身分。這種「等值」（equivalent）的身分，不論她實際賺錢與否，一個女子的責任、權利與社會地位，應該和實際上班的人沒有分別。至於性責自決，也一樣不成問題，若就生育子女的責任而論，她不但應該自決，並且應有先決之權。在生育節制方法已經比較流通的今日，這不但是理論上應該，也是事實上容易辦到的事。

若女子能夠自負自決她的性責任，除了經濟的條件以外，還有教育的條件。也許教育的條件比經濟還要密切相關，因為經濟的條件，往往可以假借，有如上文云云，而教育的條件卻絕對不能假借。所謂教育的條件，又可以分為兩部分。第一是一般做人的教育。這當然和男子的教育沒有分別。這部分的教育也包括專業的訓練，目的使她前途能經濟獨立，或有獨立的「等值」。第二是性的教育，目的在啟發性衛生的知識以外，要使她了解女子在這方面的責任，要比男子不知大上多少倍，並且假若不審慎行事，她在這方面的危險，也比男子大上很多倍。有了第一部分的教育，一個女子就可以取得性責自負的資格；有了第二部分的教育，她更可以練出性責自決的能力。資格與能力具備以後，再加上經濟獨立，女子在新性道德的局面裡，才算有了她應得的女主人的地位。靄理士在全篇議論裡，對於這一層似乎沒有相當的考慮。他對於「性的教育」，固然已另有專篇，但是對於上文所說的第一部分的教育，他既沒有討論，對於這兩部分的教育和女子性責自負自決的密切關係，又沒有特地指出。這實在是全篇中的一個遺憾。

性道德的最後對象是子女

上文說過性道德的對象是社會，這話還不完全。性道德最後的對象是未來的社會，若就一人一家而論，便是子女。對於這一點，除了極端的個人主義者以外，我想誰都不能不首肯的。靄理士說：「就已往、目前與未來的形勢而論，我們便可以像法國女作家亞當夫人（Madame Juliette Adam）所說的一個綜合的觀察，就是，已往是男子的權利犧牲了女子，目前是女子權利犧牲了小孩，未來呢，我們總得指望小孩的權利重新把家庭奠定起來。」

又說：「社會要管的是，不是進子宮的是什麼，乃是出子宮的是什麼。多一個小孩，就等於多一個新的公民。既然是一個公民，是社會一分子，社會便有權柄可以要求：第一他須有模有樣，可以配在社會中間占一個地位；第二他需要有一個負責的父親和一個負責的母親，好好地把他介紹進來。所以愛倫凱（Ellen Key）說，整個性道德，是以小孩做中心的。愛倫凱不但這樣說，還為了這說法寫了一本《兒童的世紀》（*The Century of Child*）的專書。」

自從優生學說流行以後，子女不但成為性道德的中心，並且有成為一般道德的對象的趨勢。在民族主義興盛的國家，這趨勢尤其明顯。優生學家有所謂種族倫理的說法，認為倫理一門學問，它的適用範圍，不應以一個時代的人物為限，而應推至未來的人物。

以子女為最後對象的性道德或一般道德，終究是不錯的。我們為什麼要生命？為的是要取得更大的生命嗎？這更大的生命究竟是什麼，當然各有各的見解。一般個人主義或享樂主義者以盡量滿足一己的慾望而擴大生命；一般狹義的宗教信徒，以避免今生痛苦，祈取福祉於來世，而作為努力的目標；但是有另一些人認為更大的生命實在就是下一代子孫，而生命的責任，大部分就在這一代身上。

道德的定義和分類

我們討論性在精神方面的各種事實，牽牽引引，終於到達性的道德問題。我們講起娼妓的現象時，我們不能不提到「道德」這個名詞。但道德這個名詞是很模糊的，因為它的意義不止一個，往往可以引起誤會。讀者閱讀上文的時候，一定也感覺到，上文用到道德這個名詞的時候，究竟指的是哪一種意義，幾乎完全要讀者參酌上下文而決定。討論的過程到此，我們快要進入婚姻問題的時候[103]，我們為免除模糊地了解，便不能不對於「道德」的幾個常用的意義，加以辨別。

---

103 靄理士另有〈婚姻論〉一篇，和本篇同為《性心理學研究錄》第六部的一部分。——譯者

倫理學的著作裡所講的道德是理論的道德。它所注意的是大家「應該」做些什麼，或怎樣做才算「對」。在柏拉圖的對話裡，蘇格拉底就注意到大家的理論道德，他想答覆的問題是：大家在他們的行為裡，「應該」追求什麼？不但蘇格拉底如此，近代以前一切關於倫理方面的著述，無非是要答覆這個問題。西季威克說，這種理論的道德是一種學問，而不是一種科學，因為科學的依據是現存已然的事物，而不是未然而應然的事物。

就在理論的道德的範圍以內，我們也可找出兩種不同的道德來，它們不但不同，並且有時候還要彼此歧視或只不過維持一種面子上客氣的關係，所以彼此談起的時候，嘴角總不免一彎，鼻子裡也不免哼一聲:「道德。」這兩種道德是傳統的道德與理想的道德。傳統的道德是建築在已往長時期的社會生活的習慣，和其他傳統的見解一樣，也是很牢不可破的，一個人呱呱墜地，便不由自主地接受了它的包圍。我們接受了它以後，它就變為我們的良心，隨時隨地會自動地替一切現存的規矩說好話，即使一個人早就否認了它，它還是不肯放鬆。例如許多以前對於主日禮拜竭力奉行的人，後來自己雖經過理論上的一番辯駁，認為奉行了未必「對」，不奉行了也未必「不對」，但一不奉行，就總覺有些對不起「良心」似的。這種「良心」的抗議也就等於習慣上規矩的抗議，此種規矩，你雖不承認，社會是承認的，你現在雖不再承認，你以前卻是在它們中間長大的。

理想的道德和傳統的恰好相反，它所關心的是未來，不是既往。它的根據不是已往的一些越來越古老，甚至越來越違反社會利益的各種社會習慣，而是一些新的社會行為，此種行為雖已有人實踐，並且實踐的人一天比一天多，但到底還沒有多大的勢力。就近代而論，哲學家尼采（F. Nietzsche）是擁護理想道德的一位先進，他主張拿一名開闢草莽者與建設新生活者的「英雄道德」來抵抗眾人的傳統道德或尼采所稱的「羊群道德」。這兩種道德自然是彼此對抗的，但是我們得記住，從接受和主張它們的人看來，它們都是合理的，也是絕對不可少的；對於社會也是如此，因為它們的對峙與競爭，理論的道德才能維持它的持平而不偏倚。即就娼妓問題而論，我們就可以證明這一點。傳統的道德是替它辯護的，不是替它的本身，乃是因為要維持一夫一妻制度的尊嚴，不得不拿部分的女子做孤注一擲；但理想的道德卻不承認有此種必要，它希望我們能夠把婚姻制度逐漸改良，因而改變與減少娼妓的現象。

但除了理論的道德以外，世間還有實際的道德。「應該」做的事是一事，實際做的事卻又是一回事。實際的道德才是最基本、最扼要的。拉丁文裡摩瑞士（mores）和希臘文裡的靄蘇士（ethtos）都是習俗的意思；前者後來雖為英文的道德一詞所本，但在當初並沒有「應該」的意義，不過指習俗的實際而言罷了[104]。就是多少有一些應該不應該的意義，那也是和上文所提理論的道德所要求的「應該」不同。習俗要求你做的，往往也是你心裡覺得應該做的，所謂應該，如此而已。但同時我們需注意，一個人做一件合乎道德的事，他最初的動機也並不是因為他覺得應該這麼做，這其間實在還有更深更近乎天性的理由在[105]。他並不是真覺得應該這麼做，乃是因為別

104　中文道德一名詞的由來，其實和西洋的很有些相像，「道」是「人所共由之路」，「德」以前作「直心」，《說文》上解作「外得於人，內得於己」，因為能夠順從一時的習慣，即走上大家走的路，所以能「外得於人」；既「外得於人」，斯「內得於己」，這種的解釋方法離道德為習慣的原義不遠。徐鍇認為應作「內得於己，外得於人」，「內得於己，謂身心所自得也，外得於人，謂惠擇使人得之也」——那就成為後來的見解了。原有的解釋是現實的，就事論事的，徐鍇的解釋便包含「應該」的與理想的意味。前者的道德近習慣，而後者便是仁義道德的道德。——譯者

105　這些理由是和社群的治安有關係的。馬太教授（Prof. A. Mathews）在〈科學與道德〉（*Science and Morality*）一篇文字裡說：「一切不道德的行為勢必造成社群的痛苦，一切道德的行為勢必造成社群的幸福。」見《通俗科學月報》（*Popular Science Monthly*），1909 年。

人都這樣做，習俗向來這樣做，所以他認為他也應該這麼做。在實際的道德裡的「應該」的意義，不過如此。

一個社群的行為是受它的生活需求所支配的，而所謂生活需求又受時代、地理環境與文化背景的限制。有的社群裡有子女撲殺老年父母的習俗，此種社群裡，不但覺得這是最好的辦法，就是被殺的父母也有同樣的感覺，所以到了相當年齡，就很願意接受此種待遇。這種行為，對於那個社群，不但在實際上合乎道德，在理論上也合乎道德[106]。在我們中間，年老的人可以受保護，到其天年為止，這在實際的與理論的道德方面，也沒有什麼不合。這種合與不合顯而易見和不許殺人的規矩或律法沒有關係，我們也未嘗不殺人，有時甚至以多殺人為榮，例如在以愛國為名的「戰爭」狀態之下，有時候因為經濟的要求，殺了人也不算一回事；例如在畸形發達的工業制度之下的草菅人命。但是殺害老人，不但社會經濟生活裡無此必要，也是我們感情上的不許可，我們文明的情緒生活要求老年人維持晚年的享受。殺人行為的道德意義，是以多變化出名的，時代不同，地域不同，

---

106 參看韋斯特馬克的《道德觀念的由來演變》（Westermarck, *Origin and Development of the Moral Ideas*）。

意義即隨之而異。在兩百多年前的英國，一個人犯了小小的盜竊案件，就可以判死罪，而當時的開明輿論也並不覺得這有什麼奇怪。但在今日，這就很不合道德了。一個未婚生子的女子把初生的嬰兒弄死了，這對她而言原是一種違反天性的萬不得已的自衛行為，但許多國家的法律對她不是判死罪，便判終身監禁，而我們對於這種死罪判決的道德問題，到近來才開始加以懷疑。殺人的戰爭，究竟合乎道德與否，我們似乎連疑問都還不太有，我們所明白、所承認為不道德的，不過是婦女、兒童與不參加戰爭的分子的殺戮罷了。一個時代、一個地方各有各的道德觀念，由此可見。

韋斯特馬克（Westermarck）說得好：「嚴格言之，習俗包括道德的規則。……社會是一個學校，行事的是與非、錯與對是課程，而習俗便是老師。」[107] 習俗不但從道德所出，也是法律之本。「習俗就等於法律，就是法律。」[108] 理論的道德雖然有趣，歷來許多聰明的哲學

107　參看韋斯特馬克的《道德觀念的由來演變》（Westermarck, *Origin and Development of the Moral Ideas*）。與習慣相符合的動作可以得大眾的讚許，否則所得為大眾的厭惡憤怒。韋斯特馬克認為這種讚許與厭惡是道德評判的基礎，並且還下過一番有力的討論。

108　這一點早為法學的作家承認，例如德人薛呂德（E. A. Schroeder）的《性範圍以內的權利》（*Das Recht in der Geschlecht Ordnung*）。

家都把它當作大教場來練習這些思想，但因為練習得太多了，我們反而把實際的道德丟在腦後，要知道，道德的實質終究脫離不了社群中大眾的一些日常實踐的行為[109]。所以我們要在實際方面把道德下一個比較確實的定義的話，我們不妨說，道德是一部分的習俗，其履行的結果，在大多數的社群分子心目中，是對某時代某地域以內的大眾，可以產生福利的。這一層道理，因為這種福利是一個切實的當前的問題，而不是應該怎樣的問題，所以實際的道德才可以成為科學的一門。韋斯特馬克說：「要是『倫理學』這一個名詞準備做一門科學的名詞，那麼那門科學只能夠拿道德意識的事實，做研究的對象。」[110]

勒基的《歐洲道德史》（Lecky, *History of European Morals*）是一本研究實際的道德而不是理論的道德的著作。韋斯特馬克的那部《道德觀念的由來與發展》（*The*

109 美國社會學家桑姆納（W. G. Sumner）在他的《民俗》（*Folkways*）一書裡，甚至認為不妨把這個字「道德」的形式改變一下，以示道德的真實和基本的意義有別；同時又提出「摩瑞士」（mores）一字，來專指「一切可以促進社會改造的通用的與傳統的習慣」。桑姆納又說：「不道德的名詞所指的無非是一些違反當時此地的『摩瑞士』的行為而已，此外別無意義。」但我們認為道德這個古老的名詞實在一點也沒有取消的必要，我們只要承認，在實際與應用的方面，它實在是和習俗一而二、二而一的，那便夠了。

110 參看韋斯特馬克的《道德觀念的由來演變》（Westermarck, *Origin and Development of the Moral Ideas*）。

Origin and Development of the Moral Ideas），是一篇更新穎的客觀的科學討論，原書的題目雖嫌陳舊，不足以表示這一點，但其實質的價值則無可否認。書中所敘述的，就其大要而言，也不外乎歷史上已然的事實，而不是未然而應然的一些懸擬。差不多同時出版的霍布豪斯先生的《演化中的道德》（Mr. L. T. Hobhouse, *Morals in Evolution*）也有同樣的性質，它名義上雖以觀念為討論的對象，即以道德的規律為對象，而不以社會「行為的歷史」自居，事實上它所討論的規律也未嘗不以「常人的常態行為」者為限。換言之，霍布豪斯此書也不失為一本實際道德而不是理論道德的歷史。近代思想家中最深沉也最能發人深省的一位，法人戈蒂埃先生（M. Jules de Gautier），在他好幾本書裡，尤其是在那本《道德的依傍性與習俗的獨立性》（*La Dépendance de la Morale et l'Indépendance des Mœurs,* 1907）也用同樣的眼光來分析道德的概念。他說：「行為的現象，和別的現象一樣，也是經驗的一部分，所以道德這樣的東西，就是在歷史演化的任何時期裡，一切可以適用到行為的規矩條文，都是依傍著習俗的。」我也不妨徵引另一個法國學者的著作，就是列維-布留爾的那本《習俗的道德與科學》（Lévy-Bruhl,

La Morale et la Science des Mœurs）它在實際的道德方面，也有一番極有力量的討論。

所以歸根結柢，實際的道德是一種所謂硬碰硬的自然事實，也是一切理論的道德，不論其為傳統的或理想的，所由產生的基礎。所以我們那種很普遍的深怕觸犯或對不起道德的心理，是無謂的。我們不會對不起道德，我們只會對不起自己。道德是以自然為根據的，所以我們最多只能加以變通罷了。克勞利（Crawley）說得很對[111]，就是傳統道德中的金科玉律，其效用也無非在輔助自然，使各種自然的衝動，可以得到一種更有規則的表現，常人認為此種大經大法的目的在抑制自然，真是一大誤解。此種金科玉律的弊病，像許多古板的東西一樣，是不能隨時代而變通，往往原先是極有用的行為規律，但時過境遷以後，它們卻不能跟著變遷，結果就失其效用而成為生活的障礙了。這種障礙卻也是新的理想的道德所產生的一大因緣，同時實際的道德也正在那

111 可參看的作品不止一種，例如〈族外婚與中表為婚〉（*Exogamy and Mating of Cousins*）一文，在《泰勒教授祝嘏文集》（*Essays Presented to E. B. Tylor*）中。這篇文章裡說：「在初民生活的許多方面裡，我們往往發現一種慾望，好像是要幫大自然的忙，要把凡屬常態的事物加以推崇，到了後來，更要用風俗與法律的威力，來加以三令五申。這種傾向，在我們文明的社會裡，依然是很流行，並且因為推崇常態的緣故，往往對於一切反常與偏激的事物，很過不去，因此而受埋沒的奇才異稟，也不在少數。」

裡釀成新的結構，以適應新的生活關係，而替代陳舊的與枯朽的傳統事物[112]。

理論的道德與實際的道德或道德的主體之間，顯而易見有一種很密切的關係。何以見得呢？一方面，理論的道德原是社會生活中習慣的結果，並且已經在我們的意識裡經過了抽象的綜合化，而另一方面，這種意識化的結果，又可以回過頭來，對於流行的習慣，或加以擁護，或加以變通，便愈益適合於當時的生活。這其間互為因果與相互影響的程序是不一律的，之所以不一律的緣故是因為理論的道德有很不一樣的兩種，我們在上文已經說過了。但凡傳統的或「後顧」理論的道德往往有阻撓的影響，使道德的習慣發展得慢，而理想的「前瞻」理論的道德則有催促的影響，使此種習慣進行得快。所以實際的道德，或道德的主體，便成為這兩種理論的道德的一種居間的東西。理想的或前瞻道德總是領著路，實際的道德習慣就永遠在後頭跟著，它跟得上、跟不上和跟得上的程度自然又得看此種前瞻的道德是不是真正前瞻而走得通的，或是徒有前瞻之名，而實際上卻走進

112　這也不外乎久、窮、變、通的道理，歷來道德的大患在窮而不變，性道德尤其是如此。——譯者

了一條死巷，那麼，實際的道德就跟不來了。有許多空洞的理想道德便是準備引人到死巷裡去。至於傳統的與後顧的道德呢？它卻是跟著實際的道德跑，在後面端詳評論。所以結果是，任何時代的實際的道德，雖燃和兩種不同的理論的道德有前瞻後顧、相互呼應的密切關係，但絕不會和它們合而為一，對傳統的道德，它是「過之」，對理想的道德，它是「不及」。

對於這三種不同的道德，傳統的、實際的和理想的，原是任何讀者所知道的。但我們在這裡再三加以辨別，也自有故。我們以前在別處討論到娼妓問題，也時常提到道德兩字，在那時候我們並沒有加以辨別，它所指的究竟是三種裡的哪一種，往往讓讀者根據了上下文自己去斟酌。但我們現在討論到性道德的演化本身了。我們勢不能不對於名詞的運用，有一個更清楚的界限，所以才有上文這一番議論。我們現在不妨在此說明，下文中間所指的道德，除了特殊標明的以外，全都是實際的道德，即道德之切實見諸日常的社會生活者。至於前瞻或後顧的道德，是比較次要的。

自由婚姻與女子的地位

有時候聽人家說，或至少旁敲側擊地說，這種自由的運動裡，女子是被動的，主動的完全是男子，而男子之所以發難，目的是在躲避婚姻的責任。這話和事實差得很遠。

在路德會各牧師詳細的調查報告裡，他們再三提到德國女子在性的活動中的自動能力。在但澤一帶，據說「年輕女子獻身給男子，或引誘他們，使墮入彀中」。軍隊的調動與駐紮，往往是鄉間淫風流行的一大原因，「但責任並不全在兵士的身上，大部分的責任還應該由鄉間的女子自負，她們瞧見士兵，一半的心神就陷入瘋狂狀態」。這話是從德勒斯登（Dresden）一帶所得來的報告。就德國東部的大概情形而論，這報告又總括地說：「青年女子的淫蕩並不亞於青年男子。她們實在極願意被人誘入姦情，成熟的女子往往肯和半成熟的男子勾搭，有的女子往往接二連三獻身給好幾個男子。誘姦的主動人物不一定都是男子，女子也不在少數，她們不一定在自己屋子裡守著，靜待男子的來到，往往先到男子的住處睡下。女子對於性交的興趣既如此大，便有許多人相信，在這一帶的女子中間，到十六歲以後，便找不到一個處女，這一點雖無真實的統計，但知道了這一帶的大概情形以後，也就不覺得駭人聽聞了。總之，在鄉間的工人階級裡，沒貞操的現象是很普遍的，而男女之間，究竟誰的成分大些，倒也難分軒輊。」[113]

在知識階級的女子中間，情形當然有些不同。行為上的限制，不論發自內心或外加的，要比鄉間女子多得多。處女的形式，至少在生理方面，總是保持著的，並且往往保持到很大的年紀，即使有錯失，以至於不能保持，她們也必多方地加以掩飾，那方法之多和周密，是鄉間的勞動女子萬想不到的。但是把假面摘去以後，基本的傾向仍一樣。就英國而論，毛迭穆（Geoffrey Mortimer）說得很對：「婚姻以外有性經驗的女子，無論其為用心專一或因性慾發達、不畏人言、因而不求專一，在數量上實在比我們所猜測的要多得多。在任何社會階級裡，總有一些掛名的處女。有的名義上守身如玉，從沒有接近過男子，實際上卻已生過孩子，甚至不止一個。但大多數都能採用節制生育的方法。有一位醫生對我說，在他的區域以內，此種不規則的男女關係實在是常

113 《德國的性與道德的關係》（*Die Geschlechtlichen-sittlichen Verhältnisse im Deutschen Reiche*）。

例，而不是例外」[114]。在德國也有類似的情形，有一位女醫師，亞當雷曼夫人（Frau Adams Lehmann），在德國抗拒梅毒會的工作錄[115]裡說：「來我診所裡的未婚女子，三十歲以上依然是處女的，我可以說，很少。」她又補一句說：「這些女子是有眼力的，很勇敢，很真率，往往是女性中的佼佼者，我們應當給予她們精神上的援助，她們正為一個新時代努力邁進。」

常有人說，目前這種廢除婚姻儀式，非到萬不得已絕不舉行的傾向是很不幸的，因為它對於女子的地位很有妨礙。目前的社會環境認為沒有儀式的婚姻關係為有違風氣，這見解當然不錯，但同時我們也可以反過來說，要是社會輿論對於正式的婚姻能確實擁護的話，它也就會供給一種動力，使以自由結合開始的，都以正式婚姻告終，那也就沒有多大的妨礙。總之，妨礙之來，是由於社會的視聽，而不由此種傾向的本身，假若本身會產生妨礙的話，則自由結合的風氣，便絕不會如今日之盛。且就熟知此種風氣的人所告訴我們的各種事實而論，可知這種不以儀式為重的結合，對於女子的地位反

---

114 《人的戀愛的幾章》（*Chapters on Human Love*），1898 年。

115 載在《性教育學》（*Sexual Pädagogik*）。

而能多加體貼，甚至對於雙方的忠貞與婚姻生活的壽命，也有幫助。這樣的結論似乎到處可以成立，不限於任何階級，或任何種族。這其間也許有相當心理事實的依據，一樣做一件事，自我發動而行的興趣大，奉了別人意旨而做的不但興趣要小，日久且不免引起厭惡反抗。至於婚姻的儀式究竟有沒有自然的事實做依據，究竟有多少，那是另一問題，將來有別的機會討論。

自由結合對於女子比強制性的婚姻儀式更為有利，我們還可以舉一兩個例證。在倫敦的工人中間，這是早經承認的。婚前即發生性關係的例子，在他們中間並不希罕，社會對他們也很寬恕。布斯（C. Booth）的那本巨著《民眾的生活與勞作》（*Life and Labour of the People*）的最後一冊裡，便有這樣的一句話：「甚至做粗工的工人，據說如果和已同居的女人結婚，結果最為圓滿。這種例證特別叫人有深刻的印象，因為說話的人當時並沒有什麼推求結論的意識，所以絲毫沒有羅織成罪的嫌疑。」在這最後的一冊裡，作者又引一位牧師的話說：「這些男女，要是不正式結婚，便可以湊合著相安無事，但若一旦結婚，結果似乎總不免惡聲相向，拳足交加。」

也許有人說，這種比較良好的結果並不是自由結合本身自然而然所產生的，它並不是自然法則的表現，乃是大城市與文化中心的道德勢力所影響而成的。文化中心的道德勢力極大，所以就是在合法婚姻制度以外的人，也能受其惠澤。姑且不論這見解對不對，我們至少認為可以先擱置一邊。因為不在大都市裡，不在文化中心裡，我們也發現同樣的情形。例如在牙買加，島民大多數是黑種人，高度文化的影響在那裡可以說沒有，不正式的婚姻自然要比倫敦還要來得多，即生了子女，島民也大多不用婚姻的方式使他們取得法律的地位。以前地方上成立了一個委員會，來研究本地的婚姻法，據他們調查所得，五分之三的嬰兒是私生的，這就無異說，法律上的所謂私生，在社會上已無所謂不道德，因為早已成為大多數居民公認的一種風氣。男子對於法定婚姻的衰歇，表示很贊成，因為他們發現自由結合的女子打理家務打得要好些；女子對此也不可惜，因為她們發現自由結合的男子比較靠得住，比較不會外遇。這些事實，李文斯東在他那本很有趣的《黑的牙買加》（W. P. Livingstone, *Black Jamaica,* 1899）裡，敘述得很清楚。他說，當地的民眾承認「男女兩人彼此以忠誠態度同居，便是婚姻」，他們又說：「他們是結婚了，但並沒有麻煩牧師。」[116] 他們之所以不贊成法定婚姻的理由之一，是他們很不願意出那筆取得政府認可的手續費[117]，往往過了一二十年，子女成人後，他們才補正式的婚禮[118]。在牙買加和其他類似的地方的這種情形，還有一個有趣點，就是女子的地位特別高。上文所引的李文斯東說：「農民女子到現在還是幾乎不倚賴男子，在體力與智力上，她們往往比男子強。」男子的好壞是不能預料的，也許之後會變成一個壞蛋，不但不能幫忙，反而增加沉重的負擔，所以她們便不願意太倚賴他們，以致太受牽制。但凡屬自由的結合，也不致中途離散。但若一旦經過法定的束縛，婚姻生活就會漸漸地難以忍受，終究分開。可見婚姻偕老的保障並不在法律，而在「彼此的相愛與相忍所造成的一種局勢」。但此種情形，晚年也有改變的趨勢，在宗教與社會勢力的制裁之下，牙買加的民眾己逐漸接受所謂「冠冕的」性關係的各種觀念，那就很可惜了，因為參考李文斯東在上文所說的話，可知「冠冕

116 原文作「*Married But not Parsoned*」，無法直譯。—— 譯者

117 在南美洲的委內瑞拉，大多數的嬰兒也是正式婚姻以外的產物，據說最大的理由並不是道德的缺失，而是怕出那一筆正式婚姻的費用。

118 據德羅（Hugues de Roux）說，在非洲衣索比亞（Abyssinia），民眾信奉基督教，而認為婚姻是一件能結而不能解的行為，但因為費用太大，大家總要等到中年以後、老年快來到的時候，才舉行婚禮。見《性的問題》，1908 年。

的」觀念一多，真正的道德也許就不免減少。但即就牙買加原有的情形而論，李文斯東認為也有美中不足的一兩點，就是不道德的男子很容易躲避他做父親的責任，推測其原因，是因為法律沒有規定，把父親的姓名登記在出生證書上。在任何私生率占半數以上的國家，這一點，就是把父母的姓名登記在出生證書上，是萬不可少的。所以牙買加政府在這方面的失察，是很難原諒的，不用舉手之勞，他們就可以使「每一個嬰兒有一個法定的父親」，但是他們卻沒有如此行。

根據上文所敘的一切，可知在今日之下——一半因為經濟的原因，一半也因為文化過程中更深邃的各種趨勢，我們已經進入一種新的境界，在這境界以內，女子已經能超脫以前法定性關係的束縛，而男女兩方，即使締結法定的性關係，也大多能維持他們各自獨立性，講起澳洲的土人，克爾（Curr）說：「在白人未到與原始的風俗未崩潰以前，我從沒有聽見過一個女子過了 16 歲還沒有丈夫的。」[119] 在今日的歐洲，在比較偏僻的地方，也還有同樣的情形。這些當然談不到這種境界，但是在比

119　野蠻民族與半開化民族中，幾乎沒有獨身的現象，證據甚多，可參考的文字亦不少，例如韋斯特馬克的《人類婚姻史》（*History of Human Marriage*）。

較富庶，比較富有活力、善於進取的國家，情形便大不相同。不但結婚結得遲，並且一部分的男子，和更大一部分的女子（在一般的人口中間，女子原比男子為多）始終不走上婚姻的路[120]。

女子地位與歷史傾向——母權論平議

大批的成年女子不走上婚姻的路，他們縱有性的關係，也不受國家和輿論的影響，並且這種人數一天比一天多，這當然有它嚴重的意義，值得我們加以推敲。但在推敲以前，我們不妨先把歷史上對於女子的身分有密切關係的兩派傾向，先約略溫習一遍。這兩派傾向，一主張兩性的社會平等，一主張女子的社會服從，到現在還流行在西洋人中間。無論在行為方面或見解方面，用實際道德的立場或用理論道德的立場，來追溯這兩派傾向，都是不難的。

有一時期，學術界流行著一種見解，認為在人類社會生活的初期裡，在父權時代確立以前，另有一個「母權」的時代，在那時代裡的女子不但不受男子的庇護，還

120　例如法國不婚的女子有兩百萬，比利時則是占全部女子 30%，德國有時候高至 50%。

有極高的權力[121]。五十年以前，德人巴霍芬（Bachofen）便是這種見解的最有力的說客。他讀希臘史家希羅多德（Herodotus）的著述以後，在小亞細亞的古呂西亞人（Lycians）中間發現了一個最可以代表「母權」的例子，因為希羅多德說，呂西亞人從母姓，也因襲母的身分，而不從父[122]。巴霍芬相信這一類的民族是「女子政治」[123]，治權在女子的手裡。這種見解，尤其是像巴霍芬的那種說法，到現在已經不能說有多大的力量。至於從母姓的習慣，即所謂母系制度，的確在某個時代是很普遍的。但我們很早就知道，系雖從母，一族的治權卻不一定在母親手裡，往往在各式公權的制度裡，我們可以找到母系的同時存在[124]。巴霍芬的說法雖離事實太

121　這種見解，如完全從生物學的立場來看，也不能說沒有理由，因為在綿延種族的性功能上，女子的名分似乎比男子要大許多。步虛（D. W. H. Busch）在八九十年前就說：「要是我們完全從體質方面來看性的本能，不但女子不能算作男子的資產，而且若把男子當作女子的資產，理由反而要來得充分。」見《婦女的性生活》（*Das Geschlechtsleben des Weibes*）。

122　見希羅多德史書。

123　按這裡所說的「女子政治」或「女治」，英文為 gynaecocracy，「女治」和「母權」（matriarchy）程度上有一些分別。「母權」的社會，民族學上還可以找到一些資料，但「女治」的社會，便幾乎沒有。巴霍芬一班人的錯誤就在根據這些母權的零星資料，來樹立一個「女治時代」的學說。——譯者

124　系屬和治權事實上是截然兩事，達爾貢在他的《母權與父權》（L. von Dargun, *Mutterrecht und Vaterrecht*, 1892）上說過。韋斯特馬克雖認為史坦梅茲（Steinmetz）並沒有絕對證明在母系制度之下，父權一定會減少，同時卻也認為假若一個丈夫住在妻子的家裡，他的權力多少要打些折扣。見本書「道

遠，近年以來，一部分見解卻又走向另一極端，把母系制度下女子應得的權利徹底否認乾淨。這當然又和事實不符，即使沒有事實作依據，理論上似乎也不近人情。在蘇門答臘，所謂的「恩比拉那克」(ambilanak) 式的婚姻，我們不妨拿來當作母權制度的一派，在此種方式下的婚姻，男子住在妻子的家裡，雖不付什麼代價，地位卻是屬體的而不是主體的。古呂西亞人也是這種制度，據希羅多德的那種寫法，我們萬難斷定其有女子政治的意味，我們卻知道，小亞細亞一帶的婦女古時候全都能享受優良的待遇和高度的權利，這一點我們在基督教初期的歷史與文字裡還可以找到一些痕跡。母系制度的確能夠提高婦女的身分，我們在古阿拉伯的「比那」(beena) 婚制裡可以找到一個更顯明更清楚的例子。在「比那」婚制之下，女子的地位和普通買賣婚姻制下的大不相同。買賣婚姻制下，女子多少有些貨物的意味，多少要受人作踐，但在「比那」婚制下便不然，女子是帳幕和一切家庭財物的主人，有了財主的身分，有了不必依傍丈夫的自由與能力，她的尊嚴也就提高了[125]。

德的定義和分類」一節注 8 所引書。

125 見史密斯的《古阿拉伯的氏族與婚姻》(Robertson Smith, *Kinship and Marriage in Early Arabia*)；弗瑞澤爾在 1886 年 3 月的《學院雜誌》(*Academy*)

原始時代從母姓的傾向還可以叫我們聯想到一點，就是原始人類未嘗不承認，在生殖的作用上面，母親的力量要比父親為大。既聯想到這一點，我們便不由不想到原始文化裡的另一種的傾向。就是，在神道的崇拜裡，女神的地位要比男神稍勝一籌。女神的地位既比男神崇高，則女子的地位絕不至於比男子還低，似乎是一件必然的事。原始的婦女往往和宗教的職位有重大的關係，原因也就在於此了。在澳洲中部的各部落有一種共同的傳說，就是，以前舉行宗教儀式的時候，女子的職分原是很大的，到了後來，才幾乎變為男子的職位。但即在今日，至少有一個部落似乎還保有不少以前的習慣，宗教儀式裡依然有女子參加，可見那共同的傳說是有根據的[126]。其實在歐洲也未嘗不是如此。凱爾特民族以及地中海各民族的許多原始神道，在基督教來到以後，雖全都退居不清楚的背景裡，但隱約之間，女神的影子要比男神搖晃得大[127]。愛爾蘭民族是以保守著稱

裡也認為非洲衣索比亞（Abyssinia）北境的閃語族（Semitic），因為沒有經歷過回教富有革命性的影響，至今還保留著一種婚制，和「比那」婚制十分相像，但此種婚制同時也包括另一種相反的制度遺蹟，這種相反的制度，在史密斯的書裡叫做「巴爾」（Ba'al）婚制，這是一種以女子為財產的買賣婚。

126 史賓賽與吉倫合著的《中澳洲的北方部落》（Spencer and Gillen, *Northern Tribes of Central Australia*）。

127 見瑞伊士和布林摩瓊斯合著的《威爾斯民族》（Rhys and Brynmor Jones, *The*

的，古代的習慣與傳統思想至今還存留得不少，女子的地位也就比別處要高出許多，無論婚前婚後，她都享受不少的自由。他們說：「每一個女子可以走她自己願意走的路。」愛爾蘭女子在婚後的地位和離婚的自由，都在基督教教會以及英國的習慣法所許可之上[128]。母系制度對於女子的地位，有特殊的良好影響，初看似乎不容易承認，但我們要知道，就在最對女子不利的文化環境之內，女子對於男子，往往能行使很大的壓力，使男子不能輕易暴力相待，不利的環境之下尤且如此，何況有母系制度的幫襯呢？[129]

女子地位與歷史傾向二 —— 古代各民族的遺業

古代許多大國的情形和上文所說的有些相同。大體言之，大半在它們歷史的初葉、即生長的時期裡，和它們的末葉、即成熟的時期裡，女子的地位有提高的傾向；但是在中葉、即父權全盛而軍事組織最占優勢的時

Welsh People)。又瑞伊士獨著的《非基督教的凱爾特民族》(*Celtic Heathen-dom*)。

128 見瑞伊士和布林摩瓊斯合著的《威爾斯民族》(Rhys and Brynmor Jones, *The Welsh People*)。又瑞伊士獨著的《非基督教的凱爾特民族》(*Celtic Heathen-dom*)。

129 克勞利(Crawley)舉過許多例子，見《神祕的玫瑰》(*The Mystic Rose*)。

期裡，女子的地位就差一些了。這種高而降低，低而復高的循環似乎已經變為社會集團發展的一條自然法則。巴比倫的歷史，就是很明顯的例子。最初巴比倫的女子是有完全的獨立人格，她的權利也和她的丈夫和弟兄相等，稍後，根據漢摩拉比（Hammurabi）法典，她的義務雖沒有改變，權利卻比以前少，最後到了所謂新巴比倫的時期裡，她又重新取得和她丈夫相等的權利[130]。

埃及婦女的地位，以末葉時最為高，在它長期歷史的其餘時間裡，女子的地位也始終維持相當的水準，並且始終有增高的趨勢。同時，婚前的貞操是一件不那麼重要的事，而婚約的締結也不以處女為重，我們更可以知道埃及人的婦女觀沒有資產的意味。遠在三千五百年以前，男女平等[131]早經埃及人承認。還有一樁事實，足以證明埃及女子地位之高，就是她的子女，無論如何不會有私生的名目，就算奴隸胡亂生了子女，也不適用私

130　見瑞維岳〈古代的婦女〉（Revillout, *La femme dans l'antiquite*）一文，載 1906 年的《亞洲學報》（*Journal Asiatique*）。同時可以參看 Friedrich Delitzsch 和 Paul Haupt 所著的《阿敘利亞考古學一得錄》（*Beiträge zur Assyriologie*），1899 年。

131　靄理士在早年的作品裡，也往往用「平等」這個名字。要是僅僅用於法律方面，當然不成問題，但若把它適用到生活的全部，靄理士自己也知其未妥。靄理士在 1929 年修正的《男與女》的序文裡，便提出「均值」（Equivalence）的概念，來替代「平等」（Equality）的概念。現在譯文中，不論其所應用的為法律方面與否，一概譯作「平等」，以存其舊。——譯者

生的名義[132]。阿美利諾（Amélineau）說得好：「能夠在人類歷史上首次宣示婦女的尊嚴，這是埃及民族道德的榮光」[133]，所謂「婚姻主權」的觀念，即男女成婚以前，主權究竟屬誰，埃及人是完全不懂的。巴比倫和埃及的文化，同樣的穩固，同樣的有活力，同樣的國祚綿長，對於人類全部的文明同樣有悠遠的影響，而同時女子的地位，也是同樣的優越——此中意味，真是耐人尋味。

在猶太民族的歷史裡，似乎找不到一個中間的時期，女子的地位從完全地服從到自由地擴大，其漸進的步驟似乎是很一貫的。最初，丈夫可以不問理由地休掉妻子。（這並不是父權的擴大，而是純粹的婚姻權或夫權）後來這主權逐漸地受限制，不能隨便行使，這在《舊約》的〈申命記〉裡就開始可以看出來。後來的猶太教經典《米書拿》（*Mishnah*）就更進一步，遇到妻子有可憐憫的情形時（如瘋狂、被劫奪、幽禁之類），就禁止休妻。自西元 1025 年以來，除了合法的理由或得到妻子

---

132 見唐納森《婦女簡史》（Donaldson, *Woman*）。尼佐爾特在《埃及的婚姻》（Nietzold, *Die Ehe in Ägypten*）裡說，狄奧多羅斯（Diodorus）所說的「埃及沒有私生子」的話似乎還應加以註解，不應按著字面理解。但無論如何，埃及的私生子在社會上並沒有什麼不方便之處，這終究是一大事實。

133 見阿美利諾《埃及人的道德》（Amélineau, *La Morale Egyptienne*）。又見霍布豪斯《演化中的道德》（Hobhouse, *Morals in Evolution*）；皮特里《古埃及的宗教與良心》（Flinders Petrie, *Religion and Conscience in Ancient Egypt*）。

的同意以外，離婚是不可能的。同時，妻子卻開始取得她離婚的權利，就是可以強迫丈夫休了她，丈夫如若不從，便得受刑法的制裁。離婚以後，女子就取得完全獨立的人格，並且可以帶走丈夫給她的一分財產。猶太人的法律雖嚴，而猶太教領袖對於法理的解釋卻寬，所以能順著文化漸進的潮流，把女子的性的公道和平等，隨時地提高[134]。

阿拉伯人在這方面的發展，也有許多地方對女子有利，尤其是在承繼這一點上。在穆罕默德以前，就麥地那（Medina）流行的制度而論，女子幾乎沒有繼承權。《可蘭經》裡立法的部分，就把這規矩改了，雖沒有把它完全取消，至少在女子的地位方面，已經改進不少。之所以改制，據說是因為穆罕默德的籍貫不是麥地那，而是麥加（Mecca），在麥加，當時還存留著一些母權制度的痕跡[135]。

說到這裡，我們不妨一提，在女子的權利受壓迫、女子的人格被制服的時代裡，此種壓迫和制服的動機也實在出於保護女子，有時候壓迫再次產生可能就是一種

134　見亞姆饒姆的《猶太的離婚法律》（D. W. Amram, *The Jewish Law of Divorce*）。
135　見馬爾色的《回教法律上的父母與繼承人》（W. Marçais, *Des Parents et Alliés Successibles en Droit Musulman*）。

爭取新權利的象徵。彷彿我們把女子深深地禁錮起來，目的原不在剝奪她們的權利，而在保護這種權利，使越發不可剝奪，愛之彌深，於是在採用保護的方法時，便不覺更加周密。後世文化日趨穩定，女子的境遇不像以前那般危險，這種愛護的動機漸漸地被淡忘，而社會多方關切女子和她的權利，反變成一種障礙，一種苦難。

羅馬的婦女，在最初時期裡的身分，我們幾乎全不知道。在羅馬的歷史開始看得清楚的時候，父權制度已經根深蒂固，而女子不過是一個嚴格的「在家從父」與「出嫁從夫」的人格罷了。但羅馬文化逐漸發展以後，女子的地位也就跟著發展起來，其大概的趨勢和巴比倫與埃及可以說是一般無二。但是在羅馬有一點分別，就是羅馬文化的由粗而細，帝國版圖的由小而大，和羅馬法制輝煌的發展有連帶關係，而羅馬法律終於把婦女的身分，幾乎提高到超凡入聖的境界。在民主時代的末期，女子的法律地位已經慢慢地相等，到兩位安東尼帝的時代，那些法律專家 (jurisconsult)，受了自然法的學說指引，便形成了兩性平等的觀念，認為它是一種秉公的法典應採取的原則。到此，父權制度下婦女的服從便完全成為歷史上的陳舊遺跡，不再有人擁護。這種情形，一直要到查士丁尼帝（Justinian）的時代，在基督教的勢力擴大以後，才無法繼續維持，而婦女的地位重新回到一種新的磨難[136]。但是在婦女地位最占優勢的時期裡，舊式的羅馬婚制就完全換了花樣（實在也是舊花樣翻新），這種新婚制，從法律的立場看來，等於把女子從父母家取出，暫時存放在夫家。所以對於丈夫，她是完全獨立的（尤其嫁妝是她自備的話），對於娘家，也不過是名義上有隸屬的關係罷了。羅馬婚姻是私人的契約，假使要的話，也可舉行一場宗教儀式，既屬契約，便可以不拘理由地解除，只要取得家族會議的許可，得到有力的見證，和履行相當法定的手續之後，雙方便可以分手。這樣的婚姻是以同意作為第一要義的，既可以同意而合，也可以因不同意而離，其間並沒有什麼可恥的地方。這種離婚對於羅馬婦女的幸福與道德，也沒有壞的影響[137]。這樣的制度，顯而易見比任何基督教興盛後所樹立的任何制度，還要來得合乎現代開明的情理。

還有一點要注意，這樣的制度絕不僅是法律上的創作物，而是一個贊成男女平等的開明輿論所自然形成的

136　見梅因《古代法律》（Maine, *Ancient Law*）。

137　見唐納森《婦女簡史》（Donaldson, *Woman*）。尼佐爾特在《埃及的婚姻》（Nietzold, *Die Ehe in Ägypten*）。

副產物。羅馬人贊成兩性平等，並不籠統，而是能深入性道德的範圍。普勞圖斯（Plautus）是在這方面的一個先進，他借了那個老奴隸西爾拉（Syra）的嘴，問為什麼在貞操的事上，法律所責成於男子的和女子不一樣[138]。之後又有法律家烏爾比安（Ulpian），烏爾比安在文章裡說：「一個丈夫要責成妻子嚴守貞操，而自己卻不做出榜樣，這似乎未免太不公平了。」[139] 這些問題的原因很深，絕非社會立法所能解答，但當時的羅馬人居然能把它們提出來，也足見他們對於女子的一般態度，是如何的開明了。到羅馬文化的末期，父權制度對於女子的維繫力，已不絕如縷，名義上女子雖然還脫離不了「從父」的關係，但事實上卻是十分灑脫，可以和她的丈夫並駕齊驅。霍布豪斯（Hobhouse）說：「羅馬帝國的主婦，其自主的能力，要比任何古代文化裡的主婦還要充分，如有例外，也只有一個，就是埃及在某一時期裡的主婦。並且，我們不能不加上一句，也比任何後來文化裡的主婦，還要來得圓滿，連我們自己這一代的主婦也還不是她的對手。」[140]

---

138 Mercator（疑為一種地理學的刊物）。

139 《法律精粹編》（*Digest*）。

140 霍布豪斯《演化中的道德》（Hobhouse, *Morals in Evolution*）。

許多人根據尤維納利斯（Juvenal）和塔西陀（Tacitus）兩個諷刺家的文字，認為後期的羅馬女子是很放蕩的。但是在諷刺家的筆墨裡，在一個偉大的文化裡，要尋一幅全面的、勻稱的鳥瞰圖，我認為是徒勞無功的。霍布豪斯[141]的結論是這樣的：「最初的羅馬法律所規定下來的婚制，把女子很嚴厲地安放在丈夫的掌握之中，在這時期裡，她當然是良妻，是丈夫的伴侶、顧問、朋友。到後來法律一變，她的權利也一變，但是她的良妻地位、丈夫的伴侶、顧問、朋友，卻始終沒有變，這不是很難能可貴的嗎？」大多數的學者到現在似乎都已經有這種見解，弗里德蘭德（Friedlander）雖曾質疑於此，但那時代還早，或許有看不真切的地方。迪爾在他那本看得很真切的《羅馬社會》（Dill, *Roman Society*）裡就說：「羅馬女子的地位，在法律上與事實上，都在帝國時代逐漸地提高。提高的結果，她的道德和受人敬重的程度並沒有減少，她的才藝和令人愛慕的程度卻增加。行為上的束縛既少，她的風度和勢力就有了放大的機會，甚至在政治與社會事業裡，都可以感覺到，她和她的丈夫的地位，的確是越來越接近，越來越相等。一直到西羅馬

141　霍布豪斯《演化中的道德》（Hobhouse, *Morals in Evolution*）。

帝國末葉，她這種地位和勢力並沒有衰退。」唐納森那本有價值的《婦女簡史》（Donaldson, *Woman*）裡，也認為羅馬帝國後期裡，道德並不淪喪；「要是薩爾維恩的記載有些微可靠的話，那麼，非基督教的羅馬雖有它淫亂的地方，但比起基督教的非洲，比起後來基督教的羅馬和基督教的高盧來，真是小巫見大巫了。」薩爾維恩對於基督教的記載也許是偏激而形容過火的，但是非基督教的諷刺家和基督教的禁慾傳道家對於古羅馬所敘述的，又何嘗不偏激、不過火，恐怕還要偏激過火得更厲害。

我們要再找一個在開明的程度上與羅馬末期可比擬的文化時期，我們得跳過一千幾百多年而到十八與十九世紀的英法兩國。在這時代裡的法英兩國，我們才再度發現一次道德與法律的兩性平權運動，在法國尤其早一些。在這運動的前期，我們也發現一大串開闢道路的人：瑪麗·阿斯特（Mary Astor）、「一個有品格的女子蘇菲亞」（Sophia a Lady of Quality），塞革（Segur），輝勒夫人（Mrs. Wheeler），而尤其著名的是沃斯通克拉夫特女士（Mary Wollstonecraft）和她的那篇宣言《女權辯護》（*A Vindication of the Rights of Woman*），以及約翰彌爾（John

Stuart Mill）和他的那篇論文〈婦女的屈從地位〉（*The Subjection of Women*）[142]。

今昔異勢與女子人格的發展

這些都是比較舊的話了，近代社會狀況已大有變遷，無論是女子自身的利益，或社會全部的利益，已經不再要求女子要處於服從的地位。社會的狀況既變，於是習慣和法律就有了轉變的趨勢。同時，一個女性人格的新觀念、新理想，也就應運而生。古代「夫為妻綱」、「天字出頭爲我夫」一類的觀念固然還沒有完全消滅，還時常有人自覺地運用。做丈夫的往往用命令式的口吻對妻子說：哪種業餘的職務（即家事以外的職務）不要做，哪些地方不要去，哪些人不必認識，哪些書可以不必看。靠著傳統，靠著他所謂「乾坤正氣」，自認為能管束她、制裁她。以前行使父權的那些立法者不就認為女人應該在男人的手下（under the hand）的嗎？但同時大家也都漸漸明白這一套把戲對於現代人是行不通的。德國麥雷德女士（Rosa Mayreder）在一篇很有思想的論文裡

142　此外比較不知名的先進，可參看麥吉爾孔姆女士（Harriet McIlquham）在《惠斯明士德雜誌》（*Westminster Review*）中所發表的許多篇文字，尤其是 1889 年 11 月及 1903 年 11 月的兩篇。

說[143]：現代的男子，要在夫婦關係裡，再扮演一個叱吒風雲、頤指氣使的角色是行不通的，因為他已經不再有這種資質。漁獵時代的男子，是一個英雄好漢、一個「高貴的野蠻人」（Noble Savage），他整天在山林中東奔西馳，一面獵取凶猛的野獸，一面於必要時，還得剝取敵人的頭皮，他的生活是何等的艱苦卓絕。這樣的男子，偶爾擺出丈夫的架子來，把打野味、打敵人的棍輕輕地在妻子的頭上敲一兩下，那的確是有效果的，甚至妻子還不免覺得夫恩深重、感激涕零[144]。但是現代的男子是如何呢？他也許在辦公室裡，整天守著半張桌子，馴服得像綿羊一般。他已經練出一種逆來順受的功夫，主管責備他，他可以忍氣，客人笑罵他，他可以吞聲。這樣一個男性的典型人物，晚上回到家裡，試問他還能玩「高貴的野蠻人」那套把戲嗎？當然不能。不能而勉強為之，妻子的反應可想而知。這一點，現代做丈夫的已漸漸能夠了解，他在日常居家生活裡也自然能體驗出來。至於

---

143 見女士所著〈男子拳力雜論〉（*Einiges über die Starke Faust*）一文，載 1905 年出版的《女性論評》（*Zur Kritik der Weiblichkeit*）。

144 探險家拉斯穆森（Rasmussen）在他的那本《極北民族》（*People of the Polar North*）裡，描寫一對夫婦打架，起初打得非常凶險，彼此都打倒過對方一次，「但不久以後，我再往裡窺視的時候，他們已經交頸熟睡，彼此還擁抱著咧。」

有一些思想的現代人物，至少在原則上，已經承認妻子和他是平等的，就算沒什麼思想而孜孜於名利的現代人，也覺得要是他不能讓妻子和他有同樣的自由，他的面子就不太好看，並且與人周旋交際的時候，於實際面也有許多不方便。此外，我們還得了解，近代不但男子已經取得幾分女子的性格，女子已經取得幾分男子的性格，並且兩方所得的多寡是相當的[145]。

性道德與個人責任

上文的討論雖然不簡單，但至少已經夠為我們做準備，使我們了解，文明進展到今日，所謂性道德的中心事實，只能有一個，就是個人的責任心。霍布豪斯討論人類道德的發展，所下的結論也不過如此，他說：「一個負責任的人，不論是男是女，是近代倫理、也是近代法律的中心。」[146]假若沒有這種個人責任心的發展來幫襯我們，我們目前的新性道德運動，想把性的關係從不自然

145 可參看盧多維奇（A. M. Ludovici）的作品：*Lysistrata; Woman: A Vindication; Man: An Indictment*。又劉英士譯的《婦女解放新論》（Meyrick Booth, *Woman and Society*），在這點上也有發揮。——譯者

146 同本書「女子地位與歷史傾向二——古代各民族的遺業」一節注 4 所引霍布豪斯書。德國女醫師斯特克（Stöcker），在她的《戀愛與婦女》（*Die Liebe und die Frauen*），也極言個人責任是性道德的一大因素。

的規條的強制與束縛之下，解救出來，原是不可能的，並且也是極危險的。恐怕不到一年，這世界便會變為一個人慾横流、無可挽救的世界。我們要的是性關係的自由，但沒有人們的互相信任，自由是不可能的，而互相信任的基礎條件，便是彼此的責任心。沒有個人的責任心為依靠，自由也就無法產生。在道德生活其他許多方面裡，這種個人責任的觀念，在社會進步的過程中，產生得比較早。唯有在性道德的方面，我們到最近才算取得了同樣的觀念，來做我們的準繩。性的勢力原是一種不容易駕馭的勢力，所以歷來的社會，往往多方地打造各種複雜且習以為常的系統，來加以周密地防範；同時，對於社會分子能否尊重此種習慣，也深深疑慮，不能不時刻提防。在這種情形下，當然不會容許個人的責任心有什麼置喙的餘地。但經過許多世代以後，這種外力的限制也自有它的極大好處，它給我們相當的準備，使我們可以享受自由之樂，而不至於受放縱之害。以前的神學家說，先人的律法是一個手拿戒尺的教師，可以引導後世皈依基督；近代的科學也這樣說：先人不先受一種毒素的襲擊，以至於淘汰，後世便不能產生對此毒素的抵抗力，而享受更豐滿的生命；說法雖各有不同，而其精義則一。

一個民族要發展到了解個人責任的地步，是不容易的，是很慢的，在一個神經組織還未發展到相當複雜程度的種族，此種觀念恐怕無法適當地發展。在性道德方面，尤其是如此。在一個低級的文化和高級的文化發生接觸的時候，這種觀念的缺乏，最容易看出來。宣教士到許多民族中間去傳教，不由自主地推翻了土著的嚴密道德制度，也不由自主地把歐洲的自由習慣介紹了進去，但土著對於這種自由是毫無準備的，毫無準備而東施效顰，結果真是糟不可言。這是屢見不鮮的事。中非洲的巴干達人（Baganda）原先組織很好，道德的程度也很高，詳見蘭姆金上校（Colonel Lambkin）向政府的報告[147]，但後來就鬧得亂七八糟。

在南太平洋群島上，情形也大致相同，文學家史蒂文森（R. L. Stevenson）那本有趣的游記《在南方諸海》（*In the South Seas*）裡，說在白人來到以前，島中土人大多很貞潔，對於青年男女的行為，也注意得很周密，現在是大不相同了。

就是在斐濟島的島民，情形也不妙。太平洋高等委員

147 《英國醫學期刊》（*British Medical Journal*），1908 年。

（High Commissioner of the Pacific）史丹摩勛爵（Lord Stanmore）是一個實事求是的評論家，他有一次說：「傳教的工作在島上有『奇偉的成功』，所有島民至少在名義上沒有一個不是教徒，島民的生活與品格也已經改變不少，但貞操卻受了打擊。」有個皇家委員會，調查斐濟土著的狀況時，也發現這一點，在他們的報告裡也記了下來。費切特先生（Mr. Fitchett）評論這個報告的時候，說[148]：「委員會所根據的見證人中，有好幾個說，島上道德的進步像補綴的衣服，東一塊西一塊的，叫人見了覺得奇怪。例如，廢除多妻制對於女子未必完全有利。在斐濟島上，女子原是勞動者，以前多妻制通行的時候，供養一個丈夫，有四個妻子分擔，所以責任輕，現在卻要一個妻子獨任其勞了。在基督教沒有來到以前，女子的貞操，是用棍子來保障的，不忠貞的妻子、未結婚的母親，就一棍子打死，倒也乾淨。基督教卻取消棍子的法律，它勸誘大家用道德制裁，又用天堂地獄之說來警醒人，但島民的想像能力終究有限，天堂的好處，他們既見不著，地獄的痛苦也感覺不到，於是實際的效力反而不及那根棍子，而島上的貞操標準便低得叫人傷心了。」

148　1897 年十月份的澳洲《過眼錄的過眼錄》（*Review of Reviews*）。

我們需要始終記住，原始民族各種有組織的精神與物質的約束，一經破損、一經取消以後，貞操就像驚濤駭浪中的小舟，動不動就有翻沉的危險。個人責任心的自動制裁，價值雖大，雖萬不可少，終究不能把愛慾的火山那爆發的力量，永遠地、絲毫不放鬆地扣住。在文明興盛的民族裡猶且不可，何況別處呢？興登說得好：「一個女子，無論她的道德品質如何圓滿，意志如何堅固，希望『好』的心願如何堅強，也無論宗教的勢力與風俗的制裁如何普遍周密，她的德操不一定能夠維持。假定有一個男子，能夠打動她那種篤愛情緒，這情緒就可以把上文所提一掃而光。社會不明此理，而想把這些拿來作為個人責任心所樹立的基礎，那這份責任心在未來就無異選擇了無可避免的混亂，基礎不改，那混亂局面也就不改。」[149]

149　按此論，假若不拿此類勢力做基礎，我們不知道究竟應該拿什麼做基礎。難道是法律的制裁或是刑法的制裁不成？——譯者

個人責任與經濟獨立

但個人的責任心終究不宜輕看。我們在這裡還要加以端詳，看近代我們在生活中能體驗到的個人責任心究竟有什麼特別的形式，也要看它有什麼離不開的條件。這些條件之中最重要的當然是經濟獨立。這條件真是重要極了，要是沒有它，道德的責任，就可以說是不存在的。道德的責任和經濟的獨立也可以說是一而二、二而一的，它們是同一社會事實的兩個方面。一個能負責任的人，是對於他的行為結果能不躲避的人，也是於必要時肯付出代價的人。一個經濟不獨立的人，只能接受一種犯人的責任，錢袋中既空無一物，他只能蹲到牢裡。但這是理論，在日常的道德生活裡，社會對他不會有這麼嚴重的要求，他要是開罪於家庭、朋友、鄰里鄉黨，他們不和他往來就是了，若非不得已，他們絕不會要求法律對他做最後的制裁。而他可以挺身而出，說聲一人做事一人當，也可走別條他自己願意走的路，而始終不改方向，但是要這樣做，他就得滿足一個條件，就是要付出代價。一言以蔽之，沒有經濟的獨立，不能付代價，所謂個人的責任就沒有意義。

在開明的社會裡，女子達到成年的時候，她們的道德責任和經濟獨立也就一天比一天增加起來。假若沒有這種進展，那麼無論女子在面子上多麼自由，多麼和男子可以相提並論，甚至比男子還要占優勢，一概不是真的。這不過是男子社會的寬容而已；那種自由和優勢，和小孩的差不多，小孩討人開心，不如意了就要啼哭，於是大人只好寬容他些。這絕不是自由與獨立，而是寄生[150]。以經濟獨立為基礎的自由才是真正的自由。就算在法律與習慣上女子以服從為天職的社會裡，凡是碰巧取得財產的女子，在獨立與責任兩方面，自然而然會比別的女子享受得多[151]。偉大的文化發展，往往和女子經濟權的獨立與自由有密切的連帶關係，究竟哪一個是因，哪一個是果，幾乎無法辨認。希羅多德最佩服埃及的一名史家，在他的記載裡，他敘述埃及女子不問家

150　希瑞拿女士（Olive Schreiner）曾極言寄生現象對於女子的壞處。她說：「男子財富增加以後，把它用在女子身上，實際上對於女子不一定有利，也不一定提高她的地位，這情形好比他的姨太太把她的多出來的錢財用在一條狗身上，她可以給牠一個野鴨絨的墊子，來代替原有的雞毛墊子，可以給牠雞肉吃，來代替原先的牛肉，但是那條狗在身體上和腦筋上究竟得了多大好處，仍舊是一個問題。」見女士所作〈今日的婦女運動〉（*The Women's Movement of Our Day*）一文，載 1902 年 1 月的《哈潑時尚》（*Harper's Bazaar*）。女士深信婦女的寄生現象是今日社會的一大危機，如不加挽救，「全部文明國家的女子前途墜入一個絕對依賴的深淵，萬劫不能自拔」。

151　霍布豪斯說：「在羅馬與日本，父權制度雖已發達到一個最高的限度，但遇到有資產的女子，兩國的法律都能予以保護，而男子實際上反退居一種隸屬的地位。」見本書「女子地位與歷史傾向二 —— 古代各民族的遺業」一節注 4 所引。

事，把紡織的任務交給丈夫，自己卻到市集上去經營商業，這種情形和希臘的大不相同，他就詫為奇事[152]。總之，決定婦女的道德責任的，是社會生活裡的經濟因素，決定夫婦之間的地位關係，大部分也是它[153]。這因素要在女子自己的手裡，她的道德責任也就大些，家庭的地位也就高些。在這一點上，比較後期的文化也就回到了初期文化早就有過的經驗，就是女子和男子較為平等，經濟上也比較能獨立[154]，這在上文已經說過。

在近代為首的各大國家裡，百年以來，風俗與法律都已經能通力合作，使婦女能一天比一天獲得更大的經濟獨立。這其間的領袖自然是英國，它是近代工業運動

---

152 見希羅多德史書。這位希臘的偉大史家說：「當時奉養老輩的責任，在女而不在男。就從這一點，可知當時婦女的經濟地位非常高。後來其他觀察埃及文化的人認為埃及女子很像是男子的老闆，例如羅馬的史家狄奧多羅斯（原名見本書「女子地位與歷史傾向二 —— 古代各民族的遺業」一節注 3），觀此，也就覺得不足為奇了。

153 霍布豪斯（見本書「女子地位與歷史傾向二 —— 古代各民族的遺業」一節注 4）、黑爾（Hale）和格羅色（Grosse）卻認為一個經濟地位高的民族一定有較高的婦女地位。但韋斯特馬克（見本書「道德的定義與分類」一節注 7）則和希瑞拿女士（見注 1）的見解相同，認為此項須修改後方可接受，不過同時也承認農業生活對於女子的地位有良好的影響，因為女子自己也是躬親其事的分子。所以民族經濟地位雖好，未必能真正提高女子的地位，除非女子在經濟活動裡的名分確定是生產的，而不是寄生的。

154 韋斯特馬克又曾經徵引許多例子，證明野蠻民族的女子往往有很可觀的財產自主權，但文化進入高一些的境界以後，此種權利便有消失的傾向。見本書「道德的定義與分類」一節注 7 所引書。

的發難者，因為發難得最早，也就最早把女子慢慢地圈入運動之內[155]。女子一旦加入，法律上便不能沒有各種變動，來適應新的環境，所以到了 1882 年，英國已婚的婦女，對於自已的血汗錢，便有了所有權，完全歸自己支配。在別國，不久也就有同樣的運動和同樣的結果。在美國，和英國一樣，到現在已經有五百萬的女子在自食其力，並且數量仍飛快地增漲，至於她們的待遇，和男工人比較起來，似乎比英國的還要好。在法國大多數的重要職業裡，如各種自由職業、商業、農業、工業，女子要占到 25% 到 75%，而尤其重要的職業，如各種家庭工業和紡織工業裡，女子要占到大多數。在日本，據說五分之三的工人是女子，而紡織工業則完全在女子手裡[156]。這樣的一個運動，深究其實，可以說是社會對於個人權利、個人道德價值、個人責任所表示的新觀念。唯有這個新念，霍布豪斯說得好，女子才不得不把自己的生命託付給自己，古代的婚姻法律才不得不變為一種

155 英國機械工業界女工的逐漸增加始自 1851 年。目前（1909 ～ 1910）的估計，在工商界的女子約有 350 萬人，此外還有 150 萬做家庭僕役的女子。詳見赫士倫（James Haslam）在 1909 年《英國婦女雜誌》（*English-woman*）上所發表的幾篇文章。

156 參看霍布森《近代資本主義的演進》（J. A. Hobson, *The Evolution of Modern Capitalism*），1907 年。

古董，而古老相傳的「女子無才便是德」這類的思想才不得不終被揭穿，而呈現它本來的虛偽情操的真面目[157]。

女子性格與負責的能力

男女兩性之間，就天賦的能力而論，究竟誰在道德方面比較卓越，是常有人問而事實上很不通的一個問題。我們在這裡不必多說。許多年以前，有一位說話最含蓄、最耐人玩味的戀愛道德家瑟南古（Senancour），早就有過答覆，我們把它引來就夠了。他說：「就整個局面而論，我們沒有理由說究竟哪一性的道德來得更優越。兩性各有各的錯誤，也各有各的善意，兩相拼湊，也就不分上下而成就了自然的旨意。我們可以相信，在人類兩性道德中間，各種善緣孽果，大致相同。例如談起戀愛，我們平時總喜歡把男子的肆意放縱和女子的幽嫻貞靜互相對比，認為男子不及女子。其實，這種估量的方法是無意義的，因為事實上男子對女子所犯的錯誤，在數量上一定和女子對男子所犯的剛好相等，不會多也不會少。在我們之間，完全誠實的女子比坦承磊落的男子

157　見本書「女子地位與歷史傾向二 —— 古代各民族的遺業」一節注 4 所引書。

還多，但這種多寡的分別顯而易見很容易扯平[158]。但這個男女道德性的比較問題，理論上雖容易解決，事實上對於人類全面的生活裡、或一國的生活裡，足夠產生許多問題，那麼我們在這裡的辯論，也就近乎無的放矢了。」[159]

男女兩性間的關係，原是一些相輔相成、互補的關係，瑟南古這番結論也是根據這種關係而說的[160]。

不久以前，法國的思想界，對於這個問題有過文字上的討論，尤其注意到忠誠這一點[161]。參加討論的都是著名的男女領袖，有人說女子要比男子優秀，有人說男女只是不同罷了，其間無所謂優劣高下，但誰都承認只要女子能夠和男子一樣的獨立，她們的忠誠也就不亞於男子。

一半因為傳統的思想與教育，一半也因為女子的特性，我們認為許多女子對於道德責任的權利沒有自信，因而不願意承擔。她們不但不承擔，還要為之解釋，說女子天職應該是犧牲自己的，或者換一種比較專門的

158　何以容易扯平，難道男女的人數既相同，則一部分「完全誠實」的女子遇到了不修邊幅的男子以後，也順勢不維持她們的「完全誠實」嗎？——譯者

159　見瑟南古所作《戀愛論》（Senancourt, *De l'Amour*）。

160　參看靄理士自著的《男與女》。

161　《法國過眼雜誌》（*La Revue*），1909 年。

術語的說法，女子的天性是要「受虐淫」的（masochistic）[162]。克拉夫特 - 埃賓（Krafft-Ebing）說過，世間有這麼一回事，就是女子天然的「性的降服」（sexual subjection）[163]。這種說法究竟正不正確，我們還不太明白，但就算是正確的，女子的道德責任還是道德責任，也不能因為它就取消。

布洛克和奧伊倫堡（Eulenburg）都竭力否認女子在性方面有天然「降服」的傾向，他們認為這種傾向是後天人工的產物，是女子社會地位低落的結果，並且說，要是當作一種生理的特點來看，男子在這方面反而比女子要厲害得多[164]。據我所能見到的，我也認為女子要比男子肯犧牲自己的看法，並沒有多大生物學的價值。所謂自我犧牲，假若其間有些強迫的意味，不論此種強迫為物質的抑或道德的，就不配真正用自我兩個字；即使是一種從容就義的行為，也只能說是犧牲了一個小善，來換

162 變態性心理學所承認的各種變態裡，有兩種相對立的變態，一個叫做「虐淫」（Sadism），一個叫做「受虐淫」（Masochism），也可以譯作「作踐淫」與「被作踐淫」；前者以「作踐」對方得到性的愉快，後者則適得其反。——譯者

163 《性心理變態的病源論研究》（*Beitraege zur Aetiologie der psychopathia Sexualis*）。

164 這一點靄理士在論《戀愛與痛苦》（*Love and Pain*）時，曾經加以討論，見《性心理學研究錄》第三部。

取一個大善。一個人吃了一頓好飯，我們也不妨說他「犧牲」了他的飢餓。即就傳統的道德範圍而論，一個女子愛上一個男子，終於犧牲了她的色相，她的「名譽」，但這份犧牲使她得到了她認為更有價值的東西。有一位女子曾經說過：「一個女子能夠獻身於自己所愛的男子，而使他快樂，這對於她是何等的一個勝利呀！」所有建築在健全的生物基礎上的道德是用不著「犧牲」的。即使要用，生物求愛的自然法則所要求的自我犧牲，是在雄的、公的、男的一方，而不在雌的、母的、女的一方。著名獵取獅子的狩獵家傑瑞德（Gerard）說，母獅子總是挑選最有力的公獅子作配偶，在挑選以前，牠鼓勵牠們打架，不是一決雌雄，而是決定誰最「雄」；而牠自己卻悠閒自在地躺著，肚子著地，兩眼向前，看牠們相殺，那根尾巴還不住地像一根鞭子似的左右揮動，以表示牠的愉悅。每一隻母獅，總有好幾隻公獅向牠求愛，但牠只接受最優勝的一隻。這樣求愛的過程裡，豈不是公獅子犧牲得大，而母獅子卻毫無損失？這原是大自然界裡一種權衡輕重的方法，在生殖功能上，母的一方的責任既特別的重大，那麼在此種功能實現前的求愛過程裡，自然不能叫牠再吃什麼犧牲的虧。

附錄：中國文獻中同性戀舉例
Homosexual Examples in Chinese Literature

潘光旦

溯原

同性戀的現像在動物生活史裡就有它的地位。它和人類的歷史是同樣的悠久，大約是一個合理的推論，一般的歷史如此，中國歷史大概也不成一個例外。

清代的文人紀昀號稱博古；他在《閱微草堂筆記》（卷十二）裡說「雜說稱孌童始黃帝」，下又有注說：「錢詹事辛楣如此說，辛楣能舉其書名，今忘之矣。」紀氏稱「雜說」，好像也引著一種記載，又說同時人錢大昕能舉其書名，又像別有所本；無論如何，他以孌童始黃帝之說「殆出依託」。每一件事物，每一種現象，都要替它找一個最初的來歷，找一個原始，原是富有歷史意義的中國人的一個長處，但一定要把一件事物的起始確定一個年代，和傳統的歷史連繫起來，那我們以為就有幾分迂闊了。實際上，像同性戀一類的現象，既可以在人類以外的高等動物中發現，就根本無法追溯出一個最早的起點來。孌童始黃帝，也許是後世好事者的一個依託，好比許多別的事物我們大都追溯到黃帝一樣；當代史家既懷疑到黃帝的存在，即黃帝本身亦未始不出「依託」，則紀氏的懷疑自更見得有其力量。不過，就事實論，無論黃帝有無其人，同性戀的存在必猶在黃帝或黃帝所代表的時代之前。

《商書·伊訓》說到「三風十愆」，說「卿士有一於身，家必喪，邦君有一於身，國必亡，臣下不匡，其刑墨」；三風之一叫「亂風」，亂風包括四愆，其一是「比頑童」。假如「頑童」所指的就是後世所稱的「男風」，或「南風」，這無疑的是關於同性戀的最早記載了。歷史的注疏家當然不用這種眼光來看，例如傳統的孔安國傳就說「耆年有德疏遠之，童稚頑嚚親比之」；不過一般的看法大都承認頑童就是孌童，紀昀就是這樣承認；他所懷疑的是這一部分的《尚書》既出梅賾偽古文，所以也許不足為據，好比孌童出黃帝之說不足為據一樣。

《戰國策·秦策》，田華之為陳軫說秦惠王，所引荀息的一段話和我們的題目也有關係。晉獻公「欲伐虞，而憚宮之奇存。荀息曰：《周書》有言，美男破老。乃遺之美男，教之惡宮之奇，宮之奇以諫而不聽，遂亡；因而伐虞，遂取之」。這《周書》是所謂《逸周書》，或汲塚《周書》，全文是「美男破老，美女破舌，武之毀也」。宋代所輯《太平御覽》引《逸周書》，又作「美男破產，美女破居」。無論如何，這裡所說的美男，既與美女相提並論，是一個同性戀的對象無疑。

「比頑童」成為亂風的一種，以致伊尹對太甲的訓誡裡不得不特別提出；降至周代，「美男破老」或「美男破產」居然成為一種諺語；可見在商周兩代，同性戀的現象不但存在，並且相當的流行，說不定在有的地方和有的時期裡還有過成為一種社會病態的趨勢。

這在周代，我們還可以找一些佐證。就春秋的一個段落說，一部《國風》裡說不定有好幾首詩是歌詠著同性戀的，特別是在〈鄭風〉裡；「鄭聲淫」是一向有名的。清代某人筆記說程廷祚（綿莊）注〈鄭風．子衿〉一章，謂是兩男子相悅之詞。程氏有《青溪詩說》一種，不知是否即為此注所從出，可惜播遷以還，篋中存書不多，一時無法查考。〈子衿〉一詩是這樣的：

青青子衿，悠悠我心，縱我不往，子寧不嗣音？
青青子佩，悠悠我思，縱我不往，子寧不來？
挑兮達兮，在城闕兮，一日不見，如三月兮！

據〈詩序〉說，這是一首刺學校廢壞的詩，何以見得是刺學校廢壞，我們固然看不清楚，但何以見得是指二男子相悅，我們也看不明白，不知程氏還有什麼別的依據沒有。如果沒有，而只是就辭氣推論，那麼，〈鄭風〉中這一類作品實際上還不止一篇，例如〈山有扶蘇〉、

〈狡童〉、〈褰裳〉、〈揚之水〉。前三詩再三提到狂且、狡童、狂童，而〈褰裳〉一詩的序裡更有「狂童恣行」的話；〈揚之水〉一詩則有「終鮮兄弟，維予與女」、「終鮮兄弟，維予二人」等句，只從辭氣推論，又何嘗不可以說有好幾分同性戀嫌疑呢？

一部分史傳中的實例

不過春秋時代的第一個同性戀的實例，也是記載上所見到的第一個實例，是出在齊國。《晏子春秋》裡有如下的一段記載：

> 景公蓋姣。有羽人視景公僭者。公謂左右曰：「問之，何視寡人之僭也？」羽人對曰：「言亦死，而不言亦死，竊姣公也。」公曰：「合（俞樾說，疑應作否字）色寡人也，殺之。」晏子不時而入見曰：「蓋聞君有所怒羽人。」公曰：「然，色寡人，故將殺之。」晏子對曰：「嬰聞拒欲不道，惡愛不祥，雖使色君，於法不宜殺也。」公曰：「惡，然乎！若使沐浴，寡人將使抱背。」

漢劉向校定《晏子春秋》的時候，就把這一段極有趣的故事，列入「不合經術者」的「外篇」，又別作說明，說「又有頗不合經術，似非晏子言，疑後世辯士所為者，故亦不敢失，復以為一篇」，即今「外篇第八」。而這段故事便是外篇中的第十二章。元人刻此書，在這一章下注著說：「此章不典，無以垂訓，故著於此篇。」清盧文昭所藏吳勉學本《晏子春秋》，據說就沒有這一章。近人張純一作此書校注，也於章末作案語說：「此章當刪。」我們如今應當感謝的是，此章雖「不合經術」，卻始終沒有被人刪去。不合經術就是不經，不經就是不正常，同性戀與異性戀相較，的確是不正常，但亦不必刪削。〈鄭風．子衿〉，信如程綿莊所說，是一首兩男相悅之詞，孔子刪詩也沒有把它挑剔出來，扔在字紙簏裡。

第二個實例是衛靈公之於彌子瑕，這在韓非子的〈說難篇〉裡和劉向的《說苑》裡均有記載。〈說難篇〉裡說：

昔者彌子瑕有寵於衛君。衛國之法，竊駕君車者罪刖。彌子瑕母病，人聞有夜告彌子；彌子矯駕君車以出。君聞而賢之曰：「孝哉，為母之故，忘其犯刖罪。」異日，與君遊於果園，食桃而甘，不盡，以其半啖君。君曰：「愛我哉！忘其口味，以啖寡人。」及彌子色衰愛弛，得罪於君，君曰：「是固嘗矯駕吾車，又嘗啖我以餘桃。」故彌子之行，未變於初也，而以前之所以見賢，而後獲罪者，愛憎之變也。

世稱同性戀為「餘桃斷袖」之癖，一半就以這故事做典據，其餘一半見後。

〈鄭風．子衿〉一詩所歌詠的是不是同性戀，我們不敢斷言，不過晉人阮籍的詩裡，確乎有專詠戰國時代兩個同性戀的例子而藉以寄興的一首詩。阮氏有〈詠懷詩〉十七首，第三首是：

昔日繁華子，安陵與龍陽，
夭夭桃李花，灼灼有輝光；
悅怿若九春，磬折似秋霜，
流眄發姿媚，言笑吐芬芳；
攜手等歡愛，宿昔同衣裳，
願為雙飛鳥，比翼共翱翔；
丹青著明誓，永世不相忘！

安陵與龍陽便是戰國時代的兩個同性戀的實例了。前者出《戰國策．楚策》，後者出《戰國策．魏策》，亦均見劉氏《說苑》。安陵君的故事是這樣的：

江乙說於安陵君，曰：「君無咫尺之地，骨肉之親，處尊位，受厚祿；一國之眾，見君莫不斂衽而拜，撫委而服，何以也？」曰：「王過舉而色，不然無以至此。」江乙曰：「以財交者，財盡則交絕，以色交者，華落而愛渝；是以嬖色不敝席，寵臣不避軒（按避字亦應作敝或弊，見《文選》阮籍

〈詠懷詩〉注）；今君擅楚國之勢，而無以自結於王，竊為君危之。」安陵君曰：「然則奈何？」「願君必請從死，以身為殉，如是必長得重於楚國。」曰：「謹受令。」

三年而弗言。江乙復見曰：「臣所為君道，至今未效，君不用臣之計，臣請不敢復見矣。」安陵君曰：「不敢忘先生之言，未得間也。」

於是楚王游於雲夢，結駟千乘，旌旗蔽日。野火之起也若雲蜺，兕虎嗥之聲若雷霆。有狂兕牂車依輪而至，王親引弓而射，一發而殪。王抽旃旄而抑兕首，仰天而笑曰：「樂矣，今日之遊也！寡人萬歲千秋之後，誰與樂此矣？」安陵君泣數行下而進曰：「臣入則編席，出則陪乘，大王萬歲千秋之後，願得以身試黃泉，蓐螻蟻，又何如得此樂而樂之？」王大悅，乃封壇為安陵君。

宋鮑彪注說安陵君名壇，失其姓。《說苑》，壇作纏。唐人所輯的《藝文類聚》則也作壇。楚王，《說苑》作楚共王，而今之《楚策》則次於楚宣王之後。

龍陽君的故事則見《魏策》：

魏王與龍陽君共船而釣。龍陽君得十餘魚而涕下。王曰：「有所不安乎？如是何不相告也？」對曰：「臣無敢不安也。」王曰：「然則何為涕出？」曰：「臣為王之所得魚也。」王曰：「何謂也？」對曰：「臣之始得魚也，臣甚喜；後得又益大，臣直欲棄臣前之所得矣；今以臣之凶惡，而得為王拂枕席；今臣爵至人君，走人於庭，避人於途；四海之內，美人亦甚多矣，聞臣之得幸於王也，必褰裳而趨大王，臣亦擾曩臣之前所得魚也，臣亦將棄矣；臣安能無涕出乎？」魏王曰：「誤，有是心也，何不相告也？」於是布令於四境之內，曰：「有敢言美人者族。」

龍陽君姓名均不傳。所稱魏王又不知究屬是哪一個，唯《策》中則次之於安釐王後。元人吳師道重加校注本說：「此策不知何王，未可以安釐衰季之世，遂附之也。」無論如何，後人稱同性戀為「龍陽」，源出於此。

安陵與龍陽兩例也有人以為不是男子，而是女子。吳師道重加校注本，於龍陽君下辨正說：「幸姬也，《策》言『美人』，又云『拂枕席』，此非楚安陵君、鄢陵君、壽陵君、趙建信君之比；長孫佐輔於《武陵》等待，用『前魚』字，皆以宮人言之。」這種辨正的說法也未免太天真了，好像「拂枕席」的人非「幸姬」不可，而嫉妒女的美人得寵的人，更非自己是一個女的美人不可！長孫佐輔是唐德宗時候的詩人，偶爾引用前後魚來比擬宮人，注意之點原在寵幸的前後得失，而不在對象是男是女，又何嘗不可以。另一個唐人司馬貞，作《史記索隱述贊》，於〈佞幸列傳〉後面說「泣魚竊駕，著目前論」，也引用到這個「魚」字的典故，吳氏不參考到他，而偏要參考到一個詩人，這也是令人難於索解的。吳氏把楚安陵君和鄢陵君、壽陵君以及趙國的建信君相比，也欠斟酌。安陵君事已見上文；鄢陵君與壽陵君見《楚策》莊辛諫楚襄王章，建信君見《趙策》孝成王下；都是所謂幸臣，但應知所謂幸的程度很不一致，安陵君的幸可以到「入則編席」的程度，而鄢陵壽陵，則記載所及，只到一個「出則陪乘」的程度，關於建信君，則「從輦」而外，史有「所以事王者以色」的話，但「事」到什麼程度，則又不詳。所以至少就留傳的記載而論，安陵君是不便與其餘三人相提並論的。所謂「入則編席」是否與「拂枕席」同一意義，我們固然不敢斷言，但在十分天真的吳師道氏看來，大概是不同的，因為照他的看法，「拂枕席」絕不是男子之事。至於安陵君，後世確也有誤以為女子的。唐林寶《元和姓纂》說：「安陵小國，後氏之，安陵纏，楚王妃。」

這時代裡還有一個美如女子的男子叫子都，一說姓馮。孟子也說到「不識子都之姣者，無目者也」。後世引用到子都，有以為美男子的代表的，也有以為同性戀的對象的，可惜文獻不足，一時無從細究了。

司馬遷作《史記》，班固作《漢書》，在列傳部分特立「佞幸」一門，也替我們留下好幾個同性戀的例子。合併了兩書中《佞幸傳》的內容說，前漢一代幾乎每一個皇帝有個把同性戀的對象，或至少犯一些同性戀傾向的嫌疑：

高帝　籍孺

惠帝　閎孺

文帝　鄧通、宦者趙談、北宮伯子

景帝　周仁

武帝　韓嫣、韓說、宦者李延年

昭帝　金賞

宣帝　張彭祖

元帝　宦者弘恭、石顯

成帝　張放、淳于長

哀帝　董賢

所謂佞幸，程度自大有不齊，方式亦不止一類，方式之中，同性戀當然是一種。但究屬依戀到什麼程度，各例之間，大約也很有區別。姑且歸納成下列的四類：

- **非宦者**：同性戀意味甚少，也許是完全沒有的。
- **非宦者**：同性戀意味較多以至於很顯然的。
- **宦者**：同性戀意味較少的。
- **宦者**：同性戀意味較多的。

屬於第一類的是：景帝的周仁、昭帝的金賞、武帝的韓說、宣帝的張彭祖、成帝的淳于長。關於周仁，《史記》說「寵最過庸，不乃甚篤」。關於金賞，《漢書》也有同性戀的說法。至於韓說，兩書只說他「佞幸」或「愛幸」。《漢書》說張彭祖「少與帝微時同席研書，及帝即位，彭祖以舊恩封陽都侯，出常參乘，號為愛幸；[然]其人謹敕，無所虧損」。淳于長「愛幸不及張放」，《漢書》又說他「多畜妻妾，淫於聲色」，並且還和許皇后姊龍雒思侯的寡妻名叫嬺的私通，後又取為小妻，足證其同性戀的興趣，無論主動或被動，是不會濃厚到什麼程度的。

高帝的籍孺、惠帝的弘孺、文帝的鄧通、武帝的韓嫣、成帝的張放和哀帝的董賢，則屬於第二類。關於二孺，《史記》說：「此兩人非有才能，徒以婉佞貴幸，與上臥起……孝惠時，郎侍中皆冠鵔鸃貝帶，傅脂粉，化閎籍之屬也。」《漢書》襲用這一段文字，幾乎完全一樣。二孺後來都「徙家安陵」，這安陵和上文安陵君所封的安陵固然不是一地，一在今陝西咸陽，一在今河南郾城，但也正不妨先後輝映。

籍孺、閎孺的孺字很值得研究。孺的本義是乳子，是童子。《禮記 · 曲禮》下說：「大夫曰孺人」，即大夫之妻稱孺人；注說：「孺之言屬」也；朱駿聲《說文通訓定聲》說：「按，妻與孥，類也。」所以《左傳》哀公三年，季桓子妻南氏，即稱孺子，叫「南孺子」；《戰國策 · 齊策》說：「齊［閔］王夫人死，有七孺子者皆近」，可以繼立為夫人，如今籍孺、閎孺也名為孺，可見孺字的用法，到此前後共有三個。最初，只限於男童；後來又用到妻子身上，認為妻孥可以屬於一類，無妨通用；最後，除了普通的用法而外，又用到一種特別的男童以至於男人身上，而這種男子，雖然性別屬男，而頗能執行「妻道」或「妾婦之道」。籍孺、閎孺顯然就是這一種男子了。這不是很有趣麼？妻孥可以通用一個孺字，就近代性的生物學和性的生理學說，倒也不無根據，因為男女兩性之中，就發育與分化的程度論，女性本屬比較落後，或女性發育雖較早，而停止更早，呈一種中途阻滯的現象，因此和幼稚狀態（infantilism）很相近，女性的發音尖銳，頷下不生毛髮等特徵，都是和兒童一般的。如今再進一步，讓有些女性的男子和尋常做妻子的女子通用一個孺字，當然是更有理由，大凡有被動性的同性戀傾向的男子，在身心兩方面往往和女子很相像，這是無須再加解釋的。

在當時，大概孺字的用法和優字的用法是屬於同一個性質的，即都是指一種比較特殊的人。《史記．佞幸列傳》後面緊接著的〈滑稽列傳〉就敘到楚國的優孟和秦國的優旃。優是一種樂人，「善為笑言」，並且借了笑言來諷刺，後來成為戲子，和伶字沒有很大的區別。孺大概就成為以色媚人的男子的專稱了。既有專稱，則此種人當不在少數，不過籍孺、閎孺二人，因為見幸於兩個皇帝，所以在史傳上留下了名字。

鄧通、韓嫣、張放、董賢也屬於這第二類，但因為他們都是士人出身，所以不能再稱為「孺」。關於鄧通，《史記》說文帝「時時如通家遊戲」，通亦「自謹其身以媚上」，「文帝嘗病癰，通常為帝唶吮之」，證明他的愛文帝，在任何人之上，即太子以父子之親亦有所不及。韓嫣與武帝於讀書時即相愛，及武帝為太子，更相親暱，後又「常與上臥起」。《漢書》關於這兩人的記載也因襲《史記》，沒有很大的變動。《漢書》說張放之於成帝，也常同臥起，且「俱為微行出入」。董賢在這許多例子中所造就的地位最高，年二十二，即為三公，哀帝興會所至，甚至於要把漢家天下禪讓給他。《漢書》說他「為人美麗自喜，哀帝望見，悅其儀貌」，不久便出則參乘，入同臥起。「嘗晝寢，偏籍上袖，上欲起，賢未覺，不欲動賢，乃斷袖而起」，恩愛一至於此，「餘桃斷袖」，向為同性戀的一個雅稱，斷袖的典故就托始於此。

屬於第三類的例子是文帝的趙談、北宮伯子、元帝的弘恭、石顯。趙談，太史公因避父諱，改稱趙同，「以星氣幸，常為文帝參乘」，太史公在別處也有過「同於參乘，袁絲變色」的話，北宮伯子則「以愛人長者」見幸。《漢書》說他們在愛幸的程度上，都「不比鄧通」。弘恭、石顯只是以巧佞蠱惑元帝，先後擅權，同性戀的痕跡，幾乎完全沒有。不過受過腐刑的所謂閹寺小人，身心兩方面的品性往往與一般的男子不同，其所以能蠱惑人主，而人主終於受其蠱惑，其間多少總有一些性的誘力，是可以斷言的。說見下文。

第四類只有一個例子，是武帝的李延年。《史記》說他「父母及身兄弟及女，皆故倡」，這是說都屬於倡籍，都是樂人，是否男女都兼操淫業，則不得而知。以其女弟李夫人之事推之，延年大概原是一個美男子，「坐法腐」以後，便更有女性化的傾向，所以能夠在短期內貴幸起來，與韓嫣相伯仲。兩書也都說他與武帝同「臥起」。《史記》說他「久之浸與中人亂」，《漢書》則說與中人亂的是他的兄弟李季，似乎比較近理；裴駰《史記集解》引徐廣的話，也如此說，大概徐廣就以《漢書》為根據。

受過腐刑的人是不是容易成為男子同性戀的對象，歷來專家的意見不很一致。德國性心理學家希爾虛弗爾德在他的《同性戀》一書的第十一章裡，特別申說到閹寺現象或閹型尋常和同性戀並沒有連帶關係。靄理士則不以為然，還引了一些例子做反證，見《性心理學研究錄》第二冊《性的逆轉》315 頁。閹寺現象，不論是天生的或人為的，都有顯著的女性化的傾向，原是一個尋常的事實，但二三十年來在這方面作動物試驗的專家，例如德國的湯德勒（Tandler）與格羅斯，又如利普舒茨，都以為經過閹割的動物並不呈雌性化，而成為無性化，或看去依然是像雄的。西班牙在這方面的權威馬拉尼昂，則認為這是一個錯誤的觀察，至少從動物方面得來的結論未必完全適用於人。他說，就在動物中間，一隻閹過的公雞也時常被其他公雞認作母雞，從而作交尾的嘗試，而閹雞自身亦時常作孵卵的姿態，則閹雞有雌性化的傾向，可以推想而知（說詳《性的進化與間性狀態》一書，156頁及注）。根據靄馬二氏的見解，可知從前的宦官，大體說來，是要比一般男子容易有同性戀的傾向，或容易有成為男子同性戀的對象的傾向，是可以無疑的了。所以，趙談、北宮伯子、弘恭、石顯一類的例子，至少總有幾分女性化的傾向，才會得到文帝與元帝的垂青。

《後漢書》只有〈宦者列傳〉而無〈佞幸列傳〉，從此同性戀的事蹟在正式的史傳裡就不容易看到，特別是在六朝以後。不過後漢的宦者，總有一部分做過同性戀的對象，或可能成為此種對象，我們從範曄在傳末評論中「恩狎有可悅之色」一語裡已經可以看出來。

從此我們就得跳到晉末及六朝了。《晉書．載記》第十四說到苻堅：

初，堅之滅燕〔慕容〕，沖姊為清河公主，年十四，有殊色，堅納之，寵冠後庭；沖年十二，亦有龍陽之姿，堅又幸之；姊弟專寵，宮人莫進。長安歌之曰：一雌復一雄，雙飛入紫宮……

宋王僧達有過兩個同性戀的對象，一是軍人朱靈寶，一是族侄王確。《宋書》卷七十五、《南史》卷二十一僧達本傳都說：

僧達為太子洗馬，在東宮；愛念軍人朱靈寶；及出為宣城，靈寶已長，僧達詐列死亡，寄宣城左永之籍，注以為己子，改名元序……事發……加禁錮……僧達族子確，年少美姿容，僧達與之私款；確叔父休為永嘉太守，當將確之郡，僧達欲逼留之，確知其意，避不復往，僧達大怒，潛於所住屋後作大坑，欲誘確來別，因殺而埋之，從弟僧虔知其謀，禁呵乃止。

梁朝的詩人庾信也有一段同性戀的故事，不見於《周書》及《北史》本傳，而見於《南史·梁宗室傳》。《南史》卷五十一長沙王〈蕭韶傳〉說：

韶昔為幼童，庾信愛之，有斷袖之歡，衣食所資，皆信所給；遇客，韶亦為信傳酒。後為郢州，信西上江陵，途經江夏，韶接信甚薄，坐青油幕下，引信入宴，坐信別榻，有自矜色。信稍不堪，因酒酣，乃徑上韶床，踐踏肴饌，直視韶面，謂曰：「官今日形容，大異近日。」時賓客滿座，韶甚慚恥。

《陳書》卷二十和《南史》卷六十八又載有韓子高的一例。《陳書》子高本傳說：

韓子高，會稽山陰人也，家本微賤。侯景之亂，寓在京都。景平，文帝出守吳興，子高年十六，為總角，容貌美麗，狀似婦人，於淮渚附部伍寄載欲還鄉。文帝見而問之曰：「能事我乎？」子高許諾。子高本名蠻子，文帝改名之。性恭謹，勤於侍奉，恆執備身刀，及傳酒炙。文帝性急，子高恆會意旨……文帝甚寵愛之，未嘗離於左右。文帝嘗夢見騎馬登山，路危欲墮，子高推捧而升……

唐李栩〈陳子高傳〉所敘略同，唯姓陳而不姓韓：

陳子高，會稽山陰人，世微賤，業織履為生。侯景亂，子高從父寓都下；是時子高年十六，尚總角。容貌豔麗，纖妍潔白如美婦人，螓首膏髮，自然蛾眉；亂卒揮白刃，縱橫間噤不忍下，更引而出之數矣。陳司空霸先平景亂，其從子蒨以將軍出鎮吳興，子高於淮渚附部伍寄載求還鄉；蒨見而大驚，問曰：「若不欲富貴乎？盍從我？」子高本名蠻子，蒨嫌其俗，改名之。既幸，愈憐愛之。子高膚理色澤，柔靡都曼……性恭謹，恆執佩身刀，侍酒炙。蒨性急有所恚，目若虓虎，焰焰欲啖人，見子高則立解；子高亦曲意傳會，得其歡。蒨嘗為詩贈之曰：

昔聞周小史，今歌明下童；
玉麈手不別，羊車市若空；
誰愁兩雄並？金貂應讓儂！

且曰：「人言吾有帝王相，審爾，當冊汝為後。」子高叩頭曰：「古有女主，當亦有男後。」蒨夢騎馬登山，路危欲墮，子高推捧而升……

據正史及李〈傳〉，子高有武功，官位很大，廢帝時坐誣謀反伏誅。李〈傳〉又說子高與陳霸先的女私通，陳女早就許婚王僧辯的兒子王頠，因而引起陳氏對王氏的襲擊，事與我們目前的問題不很相干，且李〈傳〉性質為小說家言，所以一概未引。明代中葉時，一位筆名秦臺外史的作曲家所作《裙釵婿》，就以《陳書．韓子高傳》和李〈傳〉做張本，劇中本「有情人都成眷屬」之旨，即以子高與陳女作配，子高成婚的晚上，尚是女妝，所以劇名是《裙釵婿》。

韓子高或陳子高實有其人，並且是一個同性戀的對象，是不成問題的。陳蒨後來就是陳文帝。清人筆記朱梅叔《埋憂集》卷三，引到蒨贈子高的最後兩句詩，把蒨誤作霸先，即誤以文帝為武帝，把同性戀的主動一方完全弄錯，稗官野史往往有這一類張冠李戴的筆墨，其實文獻尚差足徵信，稍一復按，便可以明白的。

至於北朝，在元魏的時代我們可以看到兩個例子，其中一個實際上不是同性戀的例子，而是「哀鴻現象」，即男扮女裝的現象的例子，並且連哀鴻現象，也是出乎外緣的強迫的。《北史》卷十九說，北齊文宣帝簒魏，把彭城王元韶剃去「鬢鬚，加以粉黛，衣婦人服以自隨」，日：「以彭城為嬪御。」史家隨後也說：「譏元氏微弱，比之婦女。」後來文宣帝大誅魏宗室，韶也就絕食而死。其他一例是很實在的。《北史》同卷上說：「汝南王［元］悅……為性不倫，俶儻難測……有崔延夏者，以左道與悅遊，合服仙藥松術之屬，時輕輿出採之，宿於城外小人之所，遂斷酒肉粟稻，唯食麥飯；又絕房中，而更好男色，輕忿妃妾，至加捶撻，同之婢使……」觀悅傳全文，可知他不但愛好男色，有施虐戀的行為，並且還有其他精神上的不健全。又《北史》卷五十說，辛德源和裴讓之「特相愛好，兼有龍陽之重」；唯《北史》卷三十八讓之傳和《北齊書》讓之傳、《隋書》德源傳對於這一點都沒有記載。

此外，南北朝史傳中有無其他同性戀的實例，一時不及詳考。唯梁簡文帝集中有過一首專詠孌童的詩：

孌童嬌麗質，踐董復超瑕。
羽帳晨香滿，珠簾夕漏賒；
翠被含鴛色，雕牀鏤象牙。
妙年同小史，姝貌比朝霞。
袖裁連壁錦，牋織細橦花；
攬袴輕紅出，回頭雙鬢斜；

嬾眼時含笑，玉手乍攀花。
懷情非後釣，密愛似前車；
足使燕姬妒，彌令鄭女嗟！

首兩句點題，次四句說所居環境，又次二句說年貌，又次六句說衣著姿態，最後四句說情懷，與女子的並無二致。又《北史・齊本紀・廢帝紀》裡說，國子助教許散愁應宣帝「先生在世，何以自資？」的問，說：「散愁自少以來，不登孌童之床，不入季女之室，服膺簡策，不知老之將至。」也可見當時用了「登孌童之床」來「自資」，來消磨歲月的人，大概絕不止少數，否則此老在寥寥數語的答辭裡又何必特別提到這一點呢？而同時同國的顏之推在《家訓》的〈勉學〉篇裡也勸告子弟輩說「梁朝全盛之時，貴遊子弟……無不熏衣剃面，傅粉施朱，駕長簷車，跟高齒屐，坐棋子方褥，憑斑絲隱囊，列器玩於左右，從容出入，望若神仙」。南朝有到此種風氣，再加上簡文帝的詩，也不能不教人聯想到同性戀的傾向；而審如顏氏的描繪，梁朝貴遊子弟的招搖過市，競和後來清代嘉道以後的「相公」很有幾分相像！我們從這兩段文獻裡也可以推知同性戀在當時竟可以說是大江南北上流社會所共有的一種風氣。

晉代六朝同性戀風氣的相當流行還有一個文獻上的佐證。晉阮籍〈詠懷詩〉十七首裡，有一首專詠安陵君與龍陽君，已見上文，在當時必有所指。張翰有〈周小史詩〉。宋謝惠連有〈贈小史杜靈德詩〉。所稱小史，是否必為同性戀的對象，為後世俊童一般，雖不可必，但後世往往引為同性戀的典故。即如梁簡文帝與陳文帝的詩裡都提到小史的名稱，而陳文帝所引的周小史大概就是張季鷹詩中的對象。不過手邊文獻不足，季鷹的詩既找不到，而謝惠連所贈杜靈德詩，今本集中又未載，所以終究未便加以斷定。

晉代和六朝是一個十分講究品性的時代，所以一方面有《世說新語》一類專講人品故事的書流傳下來，而另一方面在正式的史傳裡，一個人的品貌、方技、婚姻、壽命，以至於身心兩方面的種種變態與病態也多少有些記載，我們在這一時期居然還找到不少的資料，顯而易見是這種講究品性的風氣之賜了。各種品性之中，記載得最多的是姿容，是容儀，男子而亦講究姿容，中外的歷史裡似乎只有兩個時代，在西洋是希臘，在中國就是兩晉六朝了（參看拙著《人文史觀》第 237 ～ 239 頁）。在一個男子也講究姿容的時代，同性戀現象的比較發達，也是可以推論得到的一件事，在古代的希臘，事實確乎是如此。據西洋學者的研究，希臘的哲人把同性戀看做比異性戀還要聖潔，因為它更能「超乎象外」；南北朝的人是否有同樣的看法，我們不得而知，因為當時的哲人在這方面沒有什麼「設詞」流傳下來，但同性戀的不受社會的過分歧視與道德的過分貶薄，是一望而知的。

一部分稗史中的實例

從此以後，情形就不同了。正史的記載既不可得，我們就不得不求諸小說，求諸稗官野史，而稗官小說的筆墨，雖間或比較細密，但文人好事，古今通病，或無中生有，或以假作真，或過於渲染，其可靠的程度必須視每一例的情形分別斷定。自唐至宋元，我所見的此種文獻不多，只得暫付闕如，容俟將來補纂。唯元人林坤（載卿）《誠齋雜記》，載一則說：「吳潘章少有美容儀，時人競慕之，定國王仲先聞其美名……因願同學，一見相愛，情若夫婦，便同衾共枕，交遊無已；後同死……葬於羅浮山，家上忽生一樹，柯條枝葉，無不相遭；時人異之，號為共枕樹。」這一例怕很靠不住。《誠齋雜記》的內容最雜，東拼西湊，既不言出處，又不著年代；

例中所云潘章王仲先二人姓名也未見其他記載，疑是把三國時吳的潘璋，魏的王粲二人硬扯在一起（王粲字仲宣，南音「先」、「宣」相近），並無事實根據。不過「共枕樹」的神話倒有幾分意思，多少可以反映出社會對於同性戀的一部分態度來。

到了明清兩代，稗官野史的留存於今的既多，同性戀的例子也就比較容易找到。下文所舉的十多例，擬先用一表列舉出來，其中一部分值得稍加鋪敘，則依次於表後分別為之，餘則不再浪費筆墨。

例	同性戀者	對象	時代	地點	出處
一	遼藩朱憲㸅	頭陀生	明嘉隆間	湖北	陳田《明詩紀事》己籤，卷十，徐學謨詩
二	某宰相	石俊	明崇禎		袁枚《子不語》卷二十一
三	「仙人」馬琇頭		明末		周亮工《因樹屋書影》 紀昀《閱微草堂筆記》卷二十四
四	吳生，又巨公李某	姜琇	明末清初	崑山	鈕琇《觚賸》卷四
五	林嗣環鐵厓	絮鐵	清初		褚人穫《堅瓠補集》卷五，引《詞苑叢談》
六	葉舒崇元禮	俊童某	清初	山東	張元賡《卮言》

七		春江公子	清初		袁枚《隨園詩話》 朱梅叔《埋憂集》卷三
八	胡天保	某御史	清初	福建	袁枚《子不語》卷十九
九	狄氏車夫	狄偉人	清		同前
十	陳仲韶	多官	清	福建莆田	袁枚《續子不語》卷六
十一		方俊官	清	北京	紀昀《如是我聞》卷三
十二	畢沅秋帆	李郎	清	北京	梁紹壬《兩般秋雨庵隨筆》卷四
十三	某氏女	祝氏妾	清	上海	諸晦香《明齋小識》卷十二

上表中第一例見明人徐學謨（叔明）所作樂府及序。詩題為〈頭陀生行〉；序說：「頭陀生者，故遼藩弄兒，國亡後，祝發人道，為襄陽羅者所得；余哀其窮，釋焉，作是篇。」關於同性戀的詩歌，我所見到的以此為最長。全部轉錄如下：

江陵昔日重歡宴，侍兒俱在芳華殿；
酣歌那省〈風愆篇〉？狎比唯看〈佞幸傳〉。
是時頭陀生幾年，鬟雲繚繞垂兩肩；
宮娥望幸不得前，眾中一身當三千。
自謂穠華可長久，狂飆忽集章臺柳，
天上才飛司隸章，宮中已授邪臣首；

白馬盟寒帶礪空，黃龍讖應孤貍走；
六王之鬼餒不脯，曳裾賓客為鉗徒；
頭陀何物麼麼者，飛身化作崑崙奴！
袖閒金錯一匕首，腰下赤羽雙僕姑，
禁門躍出青天杳，白日重關失萬夫。
往日紅顏堪一擲，行雲過眼湘江碧，
黃金散盡舞臺傾，青鬢誤身真可惜；
轉盼君恩不到頭，并州斷送舊風流，
欲尋雲外龍堂寺，不覺秋深燕子樓。
浮生如露亦如電，流浪年光颯飛箭，
傷心莫話囀春鶯，埋骨堪投定慧院。
朅來何事逐紅塵，猶是從前一幻身，
香飄膩玉侵羅卷，淚決流波溼漢津。
紫盂白衲強裝束，伶俜還帶雙蛾蹙，
階下低頭望使君，十年前是荊州牧。
奏當還識聖恩寬，讞書終貸伶官戮。
故國淒涼莫嘆嗟，飄零行腳向天涯，
縱然未了三生債，更望何門認主家？

按《明史》卷一百十七太祖諸子傳二，說：太祖第十五子遼簡王植，初封衛王，後改封遼，建文中，靖難兵起，被召歸朝，又改封荊州；故雖稱遼藩，而封地實在荊州。七世孫嗣王憲㸅「以奉道為世宗所寵，賜號清微忠教真人……隆慶元年，御史陳省劾憲㷿諸不法事，詔奪真人……明年，巡按御史都光先復劾其大罪十三，命刑部侍郎洪朝選往勘，具得其淫虐僭擬諸罪狀；帝以憲㷿宜誅，念宗親免死，廢為庶人……遼國除」。遼藩改封荊州，故徐詩稱「江陵」；詩中未說明同性戀的主角，但以史實推之，當是朱憲㷿無疑，憲㷿是太祖的八世孫，朱植的七世孫，故詩中有「六王」之語。叔明曾為荊州知府，故又有「十年前」之語。唯有一層與史不合，詩有「宮中已授邪臣首」之句，而史則明言憲㷿以宗親未邀顯戮，只是廢為庶人而已。

表中二、三、四三例不值得再加鋪敘。第五、六兩例是比較有趣而也是比較可信的。第六例葉舒崇字元禮，江蘇吳江人，是明季葉紹袁的孫，才女紈紈、小紈、小鸞的從子，清康熙時以進士官內閣中書，舉鴻博，未試卒，作傳的人稱他「美豐儀，望之如神仙」。《張氏卮言》有〈葉先生冥緣〉一則說：葉先生弱冠「以迎入學，騎馬過綵樓下，有閨秀見而慕之，欲以為夫，單思染病，臨絕始告父母，乃召先生永訣，先生亦嗚咽不自禁。十六年後，公車計偕，至山左，於途中得一俊童，不告父母，隨至輦下，歡愛之篤，過於伉儷，後俊童病亡京邸，先生哭之幾絕，未及半年，亦沒於都下。一時鍾情眷戀，轉女成男，尚膠漆相投如此！……冤業相傳，未五十而畢命；死時人共見所歡俊童，現形至床前，共握手而逝。噫在！葉元禮止一世耳，而此閨秀者，已經再世矣。昔為葉死，今又為彼死，冥緣相續，皆此愛心不忍舍割之所致也」。《卮言》的作者又為此事賦詩六首，不外冥緣相續，牽惹無窮之意，姑不具引。

第五例的事蹟沒有第六例的清楚。林嗣環，字鐵厓，生平一時不及詳考。褚人獲《堅瓠集》引《詞苑叢談》說他「口吃，有小史，名絮鐵，嘗共患難，絕愛憐之，不使輕見一人。一日，宋觀察琬在坐，呼之不至，觀察戲為〈西江月〉詞」。宋碗即宋荔裳，清初有名的詞人，和同時的施閏章愚山齊名，他的詞是值得一引的：「閱盡古今俠女，肝腸誰得如他，兒家郎罷太心多，金屋何須重鎖？羞說餘桃往事，憐卿勇過龐娥，千呼萬喚出來麼？君曰期期不可。」宋氏有《安雅堂集》，此詞是否載集中，一時亦無法檢看；「勇過龐娥」指的是「嘗共患難」時出過力，「期期不可」指的是林某的口吃，看來大概不是一篇贗作。

第七例春江公子不知究指何人。袁子才的《隨園詩話》說他貌似婦人，與妻不睦，好與少俊游，或同臥起，不知烏之雌雄。曾賦詩說：「人各有性情，樹各有枝葉，與為無鹽夫，寧作子都妾。」他的父親，官中丞，見而怒之，他又作詩說：「古聖所制禮，立意何深妙？但有烈女祠，而無貞童廟！」後公子入翰林，嘗至天祿居觀劇。有參領某，誤以為伶人而加以調笑，旁人為公子抱不平，公子卻說：「夫狎我者，愛我也，子獨不見《晏子春秋》諫誅圉人（見上文）章乎？惜彼非吾偶耳。怒之則俗矣。」

第八、九兩例都有當時的名人做證人，自屬可信。這名人是程晉芳魚門。兩例都出袁子才《子不語》。清初「御史某巡按福建，有胡天保者，愛其貌美，每升輿坐堂，必伺而睨之；巡按心以為疑，卒不解其故。居亡何，巡按巡他邑，胡竟偕往，陰伏廁所觀其臀。巡按愈疑，召問之，初猶不言，加以三木，乃云：『實見大人美貌，心不能忘，明知天上桂，豈為凡鳥所集，然神魂飄蕩，不覺無禮至此。』巡按大怒，斃其命於枯木之下」。據說胡天保後來被陰司封為「兔兒神，專司人間男悅男之事」。閩人為之醵錢立廟，靈驗如響，香火很盛。程魚門說：「此巡按未讀《晏子春秋》勸勿誅羽人事，故下手太重。」袁氏在下文便接著說：「若狄偉人先生頗不然，相傳先生為編修時，年少貌美，有車夫某，亦少年，投身入府，為先生推車，甚勤謹，與傭直錢，不受，先生亦愛之。未幾病危，諸醫不效，將斷氣矣，請主人至，曰：『奴既死，不得不言，奴之所以病至死者，為愛爺貌美故也。』先生大笑，拍其肩曰：『痴奴子，何不早說。』厚葬之。」此例為程魚門說，而為子才所引，抑為子才自說，在沒有新式標點的文字裡是看不出來的。狄偉人不知何人，和康熙間溧陽進士狄億字立人的不知有無關係。

第十例陳仲韶與多官出袁氏《續子不語》，事出有因，當非虛構，但行文遣意頗類小說家言，故不具引。第十一例的方俊官是一個伶人，「幼以色藝登場，為士大夫所賞，老而販鬻古器，時往來京師……自言本儒家子，年十三四時，在鄉塾讀書，忽夢為笙歌花燭，擁入閨闥，自顧則繡裙錦帔，珠翠滿頭，俯視雙足，亦纖纖作弓彎樣，儼然一新婦矣；驚疑錯愕，莫知所為；然為眾手扶持，不能自主，竟被扶入幃中，與男子並肩坐，旦駭且愧，悸汗而寤。後為狂且所誘，竟失身歌舞之場」。當時有一位詩人，姓倪字余疆，有一首感舊詩「落拓江湖鬢有絲，紅牙按曲記當時，莊生蝴蝶歸何處，惘悵殘花剩一枝」，就是為俊官晚年做的。

第十二例畢沅秋帆和李郎的關係，一則因為畢氏官大，再則因為時代較近，是很多人都知道一點的，特別是在陳森的《品花寶鑑》一書流行之後，書中主角田春航顯然是暗射著畢秋帆。當時的詩人如袁子才等都有〈李郎曲〉之作，而袁作亦最為膾炙人口，其中如「果然臚唱半天中，人在金鼇第一峰，賀客盡攜郎手揖，泥箋翻向李家紅，若從內助論勛伐，合使夫人讓誥封」一類的語句，描寫畢氏中狀元時節的光景，最為有聲有色。當時的某相國，彷彿是溧陽史貽直，直稱李郎為「狀元夫人」，近代同性戀的佳話，這不能不說是最冠冕的一例了。

表中最後一例是兩個同性戀的女子，從前的女子深居簡出，既不與一般社會往還，更少與異性接觸的機會，所以同性戀的傾向特別容易發展，所謂「閨中膩友」大都帶幾分同性戀的色彩。不過見於記載的卻極少，也為的是深居簡出不易為外人所窺探的一個原因。以前拙作《馮小青》說小青在發生影戀以前，也有過一段同性戀的歷史，而其對象是進士楊廷槐夫人，可以說是見於記載的很難得的一例。這第十三例載在諸晦香的《明齋小識》，標題是〈二女同死〉。「海鹽祝公，掌教上海書院，摯愛妾偕至；居相近，有待字之女，弱態盈盈，能詩善繡，為芳閨良友。未幾女適人，倡隨不篤，願空房伴孤帳，謹守女箴，持齋禮佛；暇或詣祝，挑燈款語，恆至雨夜，綿綿不寐。九月中，忽於人定後，啟戶齊出軀口，冥搜無跡，凌晨浮於河，兩女猶緊相偎抱，時瞿子冶應紹有小傳，備載端委。」此小傳目前不知尚在人間否，但即使可考，恐怕也沒有多大的參考價值，諸氏說它「語多奇麗，可新耳目」，可知在文人手裡，這類現象不過是一種新鮮的話柄，可供鋪張之用罷了，要尋覓比較細密的觀察，比較詳實的記述，是不可得的。

同性戀的風會

同性戀的現象，有時候，在有的地方，會發達成一種風氣。古遠的無可查考，即如清代的福建、廣東以及首都所在地的北京，都有過這種風氣。

褚人獲《堅瓠集》中有〈南風〉一則，稱此風「閩廣兩越尤甚」。袁枚《子不語》講胡天保做「兔兒神」的一節說，胡天保既死，「逾月託夢於其裡人曰：『我以非禮之心，干犯貴人，死固當然，畢竟是一片愛心，一時痴想，與尋常害人者不同，冥間官吏俱笑我，揶揄我，無怒我者；今陰官封我為兔兒神，專司人間男悅男之事，可為我立廟招香火。』閩俗原有聘男子為契弟之說，聞裡人述夢中語，爭醵錢立廟，果靈驗如響，凡偷期密約有所求而不得者，咸往禱焉」。這是一派神話，但神話大抵有社會學的根據，並非完全向壁虛構。閩俗契哥契弟之說原是流傳已久的。至冥間官吏的態度，只是嘲笑、揶揄而不怒，也正是陽間社會的態度；中國社會對於這一類變態的態度，一向也恰恰就是這樣，與西洋的迥然不同。（西洋在拿破崙別制法典以前，同性戀的代價是死刑！）也唯有在這種比較寬大的態度下，同性戀才會成為一時一地的風氣。

唐人小說盧全的《玉泉子》有〈杜宣猷〉一則下說：「諸道每歲進閹人，所謂私白者，閩為首焉，且多任用，以故大閹以下桑梓，多繫於閩，時以為中官藪澤。」這一層不知和後來契哥契弟的風氣有無淵源的關係，年代相隔甚遠，未便妄加推斷，不過閹人容易成為同性戀的對象是我們在上文已經討論到的。

廣州一帶女子同性戀的風氣是比較後起的事。海禁開放，廣東最得風氣之先，女子獲取職業自由與經濟獨立的機會，從而脫離男子與家庭的羈絆也最早。說不定這其間有些因果關係。深居簡出的女子容易發展同性戀是一個比較常見的趨勢，而這顯然是某一時代的比較短期的反響了；大抵婦女解放的過程，男女社交的發達，到達相當程度以後，這種風氣自然會趨於消滅。關於廣州女子的此種風氣，記述得最肯定的是張心泰的《粵遊小志》；張氏在〈妓女〉一則下說：「廣州女子多以結盟拜姊妹，名『金蘭會』。女出嫁後，歸寧恆不返夫家，至有未成夫婦禮，必俟同盟姊妹嫁畢，然後各返夫家；若促之過甚，則眾姊妹相約自盡。此等弊習為他省所無。近十餘年，風氣又復一變，則竟以姊妹花為連理枝矣。且二女同居，必有一女儼若藁砧者。然此風起自順德村落，後漸染至番禺，沙茭一帶，效之更甚，即省會中亦不能免。又謂之『拜相知』，凡婦女訂交後，情好綢繆，逾於琴瑟，竟可終身不嫁，風氣壞極矣。」上文說女子同性戀的例子不易見於記載，祝氏妾與某氏女的同死，只好算是聊備一格；張氏的記載裡雖無個別的例子可查，但事實上是等於千百個例子的總論，也可以差強人意了。

倡優並稱，原早一種很古老的習慣，但稱謂上「優」既列在「倡」後，事實上優的地位也並不及倡。據說在「相公」或「像姑」風氣最盛的時代和地方，伶人對妓女相見時還得行禮請安。理由是很顯然的，妓女是異性戀的對象，還算比較正常的，並且一旦從良，生有子女，將來還有受誥封的希望，而做優伶的男子，則可能成為同性戀的對象，那是很不正常的，在社會道德的眼光裡永無洗拔的日子。在清代，優伶的子孫，以至於受逼被姦的男子，不許應科舉考試是載在法令的，就是很好的例證（說詳拙作《中國伶人血緣之研究》，236 ～ 237 頁）。

上文的十二個例子裡，有兩個例子提到過伶人和相公的關係，一是以伶人而兼做相公的方俊官，一是有相公資格而被錯認為伶人的春江公子。兩例都發生在北京，以時代論，大概都在乾隆年間，而從乾嘉以至清代末年，正是相公業最發達的時代，也就是陳森的《品花寶鑑》一書所描繪的時代，《品花寶鑑》是道光年間寫的。至於在乾嘉以前，北京既久已為首都，此種風氣當然不會沒有，不過範圍總屬有限，只有少數特別的例子足以轟動一時罷了。讀者到此，會很容易聯想到《紅樓夢》裡的柳湘蓮，於一次堂會演劇之後，被薛氏子錯認為相公一流，妄思染指。不過這是說部中的例子，不足為憑。至於實例，則如崇禎年間從陝西到北京的宋玉郎，說亦見鈕琇《觚賸》。又如清初從蘇州入京的王紫稼，便是當時的詩人如錢謙益、龔鼎孶、吳偉業、陳其年等爭相歌頌的王郎。後因縱淫不法，被置於法。尤侗的《艮齋雜說》說：「予幼時所見王紫稼，妖豔絕世，舉國趨之若狂，年已三十，遊於長安，諸貴人猶惑之……後李琳枝御史按吳，錄其罪，立枷死。」徐釚的《續本事詩》也錄其事。吳偉業《梅村集》中的〈王郎曲〉最為後世豔稱，曲中有句說：「王郎三十長安城，老大傷心故園曲，誰知顏色更美好，瞳神剪水清如玉；五陵俠少豪華子，甘心欲為王郎死；寧失尚書期，恐見王郎遲；寧犯金吾夜，難得王郎暇，坐中莫禁狂呼客，王郎一聲聲頓息……」也足見王郎的魔力了。王紫稼的事，亦見後來梁紹壬的《兩般秋雨庵隨筆》卷四。我們還可以舉第三個例子，就是乾隆中葉自四川金堂入京的魏三，一作韋三，也曾經風靡一時，當時人的筆記如禮親王的《嘯亭雜錄》之類甚至說：「一時不得識交魏三者，則不以為人。」他是現在旦角梳水頭和踩高蹺的發明人。魏三生平，詳吳太初《燕蘭小譜》。沈起鳳《諧鐸》的〈南部〉一則裡，對他有很嚴厲的評斥。

不過伶業與相公業兼營的風氣，終究是到了乾嘉以後才盛行。清代無官妓之制，中葉前後，更不許京官狎妓，犯夜之禁極嚴，於是一種具有自然趨勢的少數人的習癖進而為一種風氣，以至於一種制度，在當時稱為「私寓」制度。私寓開始的年代，我們不詳，但它的收場，我們是知道的，清末北京伶界有一個開明分子叫田際雲，藝名想九霄，他「以私寓制度，為伶界奇恥，欲上書廢止之（宣統三年），呈未上而被有力者阻撓；御史某受賄，誣彼以暗通革命黨，編演新劇，辱罵官僚，下諸獄者百日。民國成立，彼以貫徹初衷故，請願禁止私寓，終致成功」。（鹿原學人《京劇二百年史》260 ～ 261 頁）

關於相公的風氣或私寓制度的內容，我們不預備細說，既成制度，其為傾靡一時，已經是可想而知的。不過，作者以前因研究伶人的血緣的關係，篋中曾經收集到不少關於伶人的匯傳的文獻，都屬於這時期以內的。伶人的所以會有人替他作傳，又因類歸納，分格品題，而成匯傳，這其間除了藝術的欣賞而外，必有弦外之音，而此弦外之音無他，就是同性戀的傾向。如今不妨把此種傾向比較顯著、比較「顧名」即可「思義」的若干書目列後：

作者	書名	寫作或梓行年分
安樂山樵（吳太初）	燕蘭小譜	乾隆末年
黃葉山房主人	瑞靈錄	嘉慶九年
眾香主人	眾香國	嘉慶十二年
楊懋建	長安看花記	嘉慶末年
播花居士	燕臺集豔二十四花品	道光三年
楊懋建	辛壬癸甲錄	道光初
同上	丁年玉筍志	道光中
同上	夢華瑣簿	道光二十二年
四不頭陀	曇波	咸豐八年
寄齋寄生	燕臺花史	咸豐九年
余不釣徒	明僮小錄	同治初年
殿春生	明僮續錄	同治六年
小遊仙客	菊部群英	同治十二年
沅浦痴漁	擷草小錄	光緒二年
缺名	鞠臺集秀錄	光緒末年

這十多種作品的「捧角」的意味都很重。第一，從書名上可以看出來，有的竟等於開「花榜」，好像唐宋以來對待妓女的故事一樣（明代最甚，見《續說郛》及李

漁笠翁的劇本《慎鸞交》）。第二，從作者的假名上可以看到，書名裡既大都有「花」和「香」一類的字樣，作者的名字自然不得不有樵採、漁釣、摘擷一類的字樣。而《眾香國》一書的作者自稱為「眾香主人」，雖說一廂情願，亦是情見乎詞，其為有熱烈的同性戀傾向的人，是最為明顯的。

一種風氣的造成，因素雖多，物以類聚和處領袖地位者的榜樣究屬是最重要的兩個。即如上文提到的畢秋帆，因為有了一個「狀元夫人」，據說他的幕僚也大都有一些「男風」的癖習。錢泳梅溪的《履園叢話》是清人筆記裡比較很切實的一種，中間（卷二十二）有〈打兔子〉一則說：「畢秋帆先生為陝西巡撫，幕中賓客，大半有斷袖之癖；入其室者，美麗盈前，笙歌既協，歡情亦暢。一日，先生忽語云:『陝傳中軍參將，要鳥槍兵弓箭手各五百名，進署侍候。』或問：『何為？』曰：『將署中所有兔子，俱打出去。』滿座有笑者，有不敢笑者……後先生移鎮河南，幕客之好如故，先生又作此語。余（錢氏自稱）適在座中，正色謂先生曰：『不可打也。』問：『何故？』曰：『此處本是梁孝王兔園！』先生復大笑。」要鳥槍兵弓箭手各五百名，才敷差遣，也正見同性戀者數量之多。

因緣的解釋

最後再約略說一說中國文獻中對於同性戀的因緣作些什麼解釋。

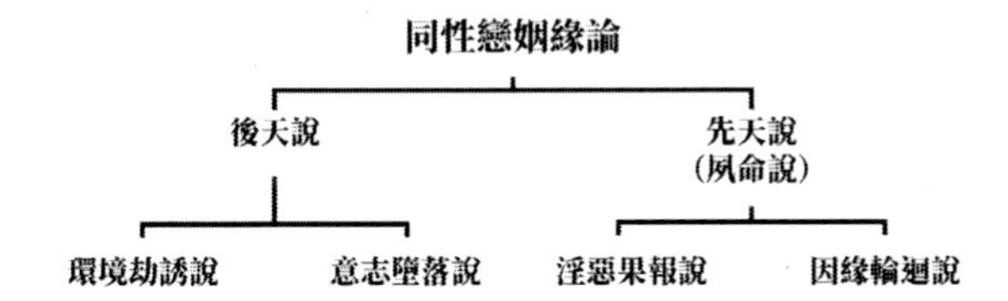

自來在這題目上作解釋的人不多，所論也多不切實，在科學不發達的時代，在這方面我們也正不必期望太奢。上列圖解中共列四說，前三說都來自紀昀曉嵐的記述，後一說則出張元賡的《卮言》。人體先後天之分，中國是早就有的，不過若和近代遺傳學相比較，則和以前所稱的先後天有兩點不同。第一，先後天以脫離母體之頃為界線，而不以受胎之頃為界線，中醫的「先天不足，後天失調」的話用的就是舊的分法。第二，父祖的先天和子孫的先天不一定有什麼連繫；性命是個人的，稟賦是個人的，分別受之於天，所以世代嬗遞之間，不一定有什麼關係。王充在《論衡》裡談性命最詳。王氏所謂性，特別是所謂「隨父母之性」的「隨性」，頗貌似近代所論的遺傳，實際上卻依然不出「胎教」的範圍，與遺

傳絕不相干。「隨性」還是個人的，不過不由個人自己負責，而由母親和一般的胎期環境負責罷了。至於漢以前的陰德陰禍之論，漢以後因佛教的輸入而發生的因緣果報輪迴之論，大都是一路的思想，即於受之於天而外，足以影響個人的先天事物，至多只是父母祖宗的後天，而不是父母祖宗的先天；父祖子孫雖各有先天，其間並無瓜葛。這並不否認以前也很流行的祖孫、父子、兄弟以至於叔侄甥舅大致相肖的說法。不過這是觀察得到的常識，而往往只限於體格方面，至於心理的、精神的以至於道德的品性，那就得適用上文的那一套理論了。（參閱拙著《人文史觀》中〈人文史觀與人治法治的調和論〉一文。）在下文我們可以看到，兩個先天說都還談不到這些，談不到父祖的後天行為和子孫的先天品質有什麼因果關係，只談到了本人的後天行為可以影響本人「轉世」後的另一後天的遭遇，那顯然完全是個人的了。

紀曉嵐在《閱微草堂筆記》卷十二上說：「凡女子淫佚，發乎情慾之自然，孌童則本無是心，皆幼而受紿，或勢劫利餌耳。」他接著舉一個例：「相傳某巨室喜狎狡童，而患其或愧拒，乃多買端麗小兒，未過十歲者，與諸童媟戲，時使執燭侍側，種種淫狀，久而見慣，視若當然，過三數年，稍長可御，皆順流之舟矣。有所供養僧規之曰：『此事世所恆有，不能禁檀越不為，然因其自願，譬諸狎妓，其過尚輕，若處心積慮，鑿赤子之天真，則恐干神怒。』某不能從，後卒罹禍。」這就是所謂後天環境劫誘之說。

第二三兩說亦見於《閱微草堂筆記》中的一種：《如是我聞》卷三，和上文所已引的方俊官的例子是在一起的。方俊官的例子發生以後，特別是因為方俊官幼年曾經做過一個「裝新娘子」的夢，於是喜歡議論的紀氏和他一班氣味相投的朋友就不免作一番因緣上的推敲。紀氏認為是「事皆前定」，新娘的噩夢示兆於先，相公的賤業證果於後。紀氏又說：「此輩沉淪賤穢，當亦前身業報，受在今生，不可謂全無冥數。」這都是第三說，先天淫惡果報說。

紀氏的朋友裡有一個姓倪號余疆的所持的論調不同。他也從做新婦的夢入手，而引晉樂廣對他未來的女婿衛玠所作夢的剖析的話（見《晉書》樂廣本傳及《世說新語．文學篇》）加以發揮說：「是想殊殆，積有是想，乃有是夢，既有是夢是想，乃有是墮落，果自因生，因由心造，安可委諸夙命耶？」這就是第二說，後天的意志墮落說，是一個從現在所謂自由意志方面覓來的解釋。當時還有一個朋友姓蘇號杏村的，又加以評議說：「曉嵐以三生論因果，惕以未來，余疆以一念論因果，戒以現在，雖各明一義，吾終以余疆之論可使人不放其心。」紀氏也承認倪氏的話比較能「整本清源」，意思也就是說，一念不入於邪，則種因食果，不特今生不至於墮落，來生也不至於遭受業報而淪於微穢，那就成為第二與第三說的一個綜合了。

關於葉舒崇的例子，張元賡認為那所愛的俊童就是某氏閨秀的後身，所以在他的詩裡有「……今日迸形心內死，來生端的要相逢。忽忽年華十六春，公車山左走黃塵，馬前來得人如玉，宛似曩時夢裡身……直教兩世婚姻續，昔女今男事更奇」等句；前兩句指前一世，中四句指後一世，末兩句合論兩世。因緣前定，自唐人小說中〈定婚店〉一類的故事流行以後，本來已經成為民間信仰裡很有力的一部分，如今添了輪迴之說，更進一步地認為：前定的婚姻如果今世不能完成，來世定可以實現，也未始不是邏輯上應有的事；不過前一世是女的，何以後一世轉而為男，追溯因緣的人卻不求甚解地忽略過去了。這就是根據因緣輪迴的第四說。

四個解釋裡，不用說，第一個是始終有它的地位的。第二個就有問題，除非我們相信意志有時可以絕對自由。第三第四兩說我們在今日已不能不放棄，而代以遺傳之說，這在拙譯靄理士《性心理學》的第五章裡已有詳細的介紹，在此無須再加論列。還有一說我們應當注意的，就是四個解釋都單單照顧到被動的同性戀者那一面，而與主動的同性戀者全不相干。何以某巨室特別愛好孌童，處心積慮地專以蓄養與培植孌童為事？方俊官的所以成為同性戀的對象，固有其內在的理由，但戀他的人又是些什麼人？這些人又是怎樣來的？這些人和尋常不喜歡「南風」的人又有什麼區別，這區別又從何而來？葉氏俊童的出生固然由於某氏閨秀的愛念所喚起，即所謂「冥緣相續，皆此愛心不忍捨割之所致也」，但何以葉舒崇一面既能表示異性之愛於前，與常人無殊，而一面也能發生同性之愛於後，至知命之年而猶不衰？這些都是四個解釋所未能答覆而有待於近代科學的性心理學來答覆的問題。

三十一年十二月二十五日脫稿

國家圖書館出版品預行編目資料

性的教育，性的道德：生命由來 × 男女差異 × 曖昧遊戲，拒絕「偽善」的性見解，請從嬰兒期就開始學 / [英] 靄理士（Henry Havelock Ellis）著，潘光旦 譯 . -- 第一版 . -- 臺北市：崧燁文化事業有限公司 , 2023.07

面；　公分

POD 版

譯自 : Sexual Education, Sexual Morality

ISBN 978-626-357-487-8(平裝)

1.CST: 性教育 2.CST: 性知識 3.CST: 兒童教育

544.72　112010094

性的教育，性的道德：生命由來 × 男女差異 × 曖昧遊戲，拒絕「偽善」的性見解，請從嬰兒期就開始學

作　　者：[英] 靄理士（Henry Havelock Ellis）

翻　　譯：潘光旦

發 行 人：黃振庭

出 版 者：崧燁文化事業有限公司

發 行 者：崧燁文化事業有限公司

E-mail：sonbookservice@gmail.com

粉 絲 頁：https://www.facebook.com/sonbookss/

網　　址：https://sonbook.net/

地　　址：台北市中正區重慶南路一段六十一號八樓 815 室

Rm. 815, 8F., No.61, Sec. 1, Chongqing S. Rd., Zhongzheng Dist., Taipei City 100, Taiwan

電　　話：(02) 2370-3310　　傳　　真：(02) 2388-1990

印　　刷：京峯數位服務有限公司

律師顧問：廣華律師事務所 張珮琦律師

定　　價：299 元

發行日期：2023 年 07 月第一版

◎本書以 POD 印製